DIARIO EL OBSERVADOR

*El negocio Valentine*
# EL FERROCARRIL NACIONAL DE HONDURAS Y EL MUELLE Y FARO DE PUERTO CORTÉS (1911)

ERANDIQUE
COLECCIÓN

**LA GRAN HUELGA BANANERA DEL 54**
(Los 69 días que estremecieron a Honduras).

©Editorial Erandique 2024
Supervisión Editorial: Óscar Flores López
Diseño de portada: Andrea Rodríguez-Lilyana Gálvez
Administración: Tesla Rodas y Jéssica Cordero
Levantamiento de texto: Zona Creativa
Presidente: José Azcona Bocock

Segunda Edición
Tegucigalpa, Honduras-marzo de 2024

# ÍNDICE

Un negociazo de "vivos" .................................................. 7
El porqué de esta reproducción ...................................... 9
El negocio Valentine ...................................................... 19
Contratas de 1892 y solicitud de 1893 ........................ 22
La contrata de 1894, traspaso de 1895 y nueva contrata de 1896 ................................................................. 25
Sigue la contrata de 1896 ............................................. 28
Contrata de 1897 ........................................................... 31
Contrata de 1897. La deuda extranjera y el banco .... 35
La contrata de 1900 ...................................................... 39
Sigue la contrata de 1900. Prórroga de 1902 ............. 43
Un paréntesis .................................................................. 46
Continúa el paréntesis ................................................... 49
Concluye el paréntesis. Entrega del ferrocarril al Gobierno. 1903 ................................................................. 54
Digresión necesaria. Lo que produce el Ferrocarril ... 58
Alrededor del ferrocarril. Comienza la contrata de 1908 ........ 61
Sigue la contrata de 1908. El convenio Adicional ..... 63
El muelle de Puerto Cortés. Contrata de 1893. ......... 67
Llueven propuestas. La de 1894. Rendimientos del muelle. Propuesta para un faro. .................................. 70
La aprobación de 1895. Contrata de 1896 ................. 74
El Decreto Número 75 de 1896. Concesión para un faro ........ 78
Algo que no puede pasar ............................................... 81
El Sindicado de Honduras interviene en el Muelle. Proyecto de contrata y declaración importante ......... 83

Sigue y termina el anterior ............................................................ 86
Contrato de prórroga, de 1907 ..................................................... 88
Reclamación de más de un millón de dólares ........................... 91
El negocio Valentine ..................................................................... 94
Sigue probándose la injusticia de la reclamación ...................... 98
El Negocio Valentine .................................................................. 101
Siguen las contrataciones .......................................................... 105
El Sindicado sigue en sus errores ............................................. 107
La reclamación del Sindicado no tiene fundamento alguno .... 110
La reclamación por el ferrocarril y muelle .............................. 113
Sigue la reclamación .................................................................. 116
Las protestas por la falta de entrega ........................................ 119
Responsabilidades por el ferrocarril y el muelle ..................... 121
Fin de la serie ............................................................................. 124
Ampliacion: El Faro de Puerto Cortés ..................................... 127
Apéndice ...................................................................................... 133

# Un negociazo de "vivos"

El ferrocarril interoceánico fue una estafa sobre rieles. Desde la época de la colonia se comenzó a hablar de la gran obra de ingeniería que iba a unir al Atlántico con el Pacífico. Después de la Independencia, la idea tomó fuerza, pero con el paso del tiempo, ese sueño se convirtió en una pesadilla.

Además de endeudamiento (que el pueblo hondureño fue pagando en las siguientes décadas), el ferrocarril interoceánico sirvió para enriquecer a un puñados de empresarios y políticos extranjeros, así como a unos cuantos vividores locales.

En 1911, El Observador, diario editado en Tegucigalpa que apoyaba las aspiraciones presidenciales del general Manuel Bonilla en las elecciones de ese año, publicó una serie de artículos para atacar al inversionista estadounidense Washington Valentine, quien, en una muestra de osadía, demandó al Estado de Honduras por "incumplimiento" en el contrato para construir el ferrocarril.

Valentine tenía un contrato para construir la obra, pero no cumplió a cabalidad los plazos.

No se sabe mucho del diario El Observador. En su indicador aparece como director Francisco Cáceres y Ramón Landa, administrador.

Su lema era *Diario político, de interés materiales y de anuncios*, de allí que no ocultara su apoyo propagandístico a Bonilla.

¿Cuál era el trasfondo de la serie de artículos *El negocio Valentine: el ferrocarril nacional de Honduras y el muelle y faro de Puerto Cortés* publicados por El Observador?

Se puede intuir que era: una, realizar un culto a la personalidad del general Bonilla; dos, quitar del camino de una vez por todas a Valentine.

No es de extrañar que una vez en el poder, Bonilla tuvo conversaciones con René Keilhauer, inversionista norteamericano interesado en construir un ferrocarril desde Potrerillos, en el norte de Honduras, hasta el Pacífico.

Keilhauer era el representante de Minor Keith, dueño y presidente de la United Fruit Company y magnate ferrocarrilero.

En esta serie de artículos, El Observador aporta datos interesantes de cada contrata y sus prórrogas y narra la forma descarada en que Valentine, apoyado por sus secuaces hondureños, es beneficiado con contratos leoninos que lo convierten en dueño de grandes extensiones de tierra en las zonas por donde iba a pasar el ferrocarril.

El contrato, además de darle luz verde a Valentine para "hacer y deshacer" contiene algunas peculiaridades, como esta:

"El Sindicado tendrá derecho de hacer venir al país, para emplearlos en la empresa del ferrocarril o en el cultivo de sus terrenos, operarios o colonos extranjeros, con excepción de chinos, coolíes y negro".

Pero eso es solo algo anecdótico porque el contrato suscrito entre el Estado de Honduras y Valentine es un claro ejemplo de cómo este país ha servido para generarles millones de dólares a desalmados inversionistas de distintas naciones del mundo, entre ellos, Estados Unidos e Inglaterra.

Agradecemos a Ramón Izaguirre, quien nos envió el libro en digital; así como a la Sala de Hemerográfica del Archivo Nacional (en la Antigua Casa Presidencial), en especial a Karen Medrano, por facilitarnos las pocas copias que se conservan de El Observador, para tomarles fotografías e ilustrar este libro.

A pesar de ser publicado por un diario con evidente sesgo político, estos artículos poseen un invaluable valor histórico pues ayudan a desentrañar los negocios que se tejieron alrededor del viejo sueño de unir al norte con el sur de Honduras.

**Óscar Flores López**
**EDITOR COLECCIÓN ERANDIQUE**

# El porqué de esta reproducción

Con motivo de que, en julio de este mismo año, un diario de Nueva Orleans, el Times Democrat, publicó un artículo en el que se mencionaban ciertas reclamaciones que se suponían entabladas contra el Gobierno de Honduras, y aun cuando oficialmente nada constaba respecto al asunto, *El Observador,* diario político y de intereses materiales que ve la luz en esta capital, emprendió la publicación de una serie de artículos sobre la cuestión de las tales supuestas reclamaciones, que arrojan sobre ellas toda la claridad necesaria para que se pueda juzgar de lo infundadas e injustas que serían y de su falta de toda base y de todo fundamento siquiera razonable.

La importancia y trascendencia del negocio tratado en dichos artículos, y la circunstancia de lo muy difícil que es formar concepto cabal de un asunto largo y complicado con la sola lectura de artículos de periódico, suspendidos a las veces, conforme a las necesidades y al espacio del día, y no de acuerdo con el interés de la materia tratada, nos mueven a hacer una tirada especial de los repetidos artículos, dedicada no tan solo al pueblo hondureño, sino también a todas las personas imparciales, de cualquier nacionalidad que sean, que quieran tomarse la molestia de leer las siguientes páginas, en las que no encontrarán ciertamente primores literarios ni esfuerzos de imaginación; pero en las que sí se impone la verdad, con lógica irrefutable, y brilla la justicia. Hacer que resplandezca la primera y que la segunda se abra camino, son los únicos fines de esta publicación.

*(EL OBSERVADOR).*

El Observador era una publicación de cuatro hojas. Apoyaba al general Manuel Bonilla.

# EL OBSERVADOR

**FRANCISCO CACERES**
DIRECTOR Y REDACTOR JEFE

*Cuenta con numerosos redactores y colaboradores*

**RAMON LANDA**
ADMINISTRADOR

**Condiciones de la publicación:**
Se publicará todos los días, excepto los festivos.

*Precio de suscripción:*
En la República, un mes, plata.................$ 1.00
En Centroamérica, trimestre  4.50
Países de la Unión Postal Universal, semestre, en oro  4.00

TODOS LOS PAGOS DEBEN SER ADELANTADOS

*Toda la correspondencia se enviará al Director*

Indicador del Diario El Observador, Editado en Tegucigalpa.

El Observador no se andaba con paños tibios para mostrar su apoyo al general Manuel Bonilla.

# Cumpleaños

Hoy lo es del señor presidente de la República, doctor don Francisco Bertrand. Con tal motivo, EL OBSERVADOR cumple el muy grato deber en hacerle presentes sus respetuosas felicitaciones y sus deseos sinceros de que la dicha sea su compañera inseparable durante la vida, en unión de todos los suyos.

Este periodico lleva lectura en las cuatro páginas

Los que anuncien en él aumentarán en un 50 p.% sus ganancias.

Mensaje de felicitación al presidente Bertrand en la fecha de su cumpleaños.

# El negocio Valentine

*Tegucigalpa, 14 de agosto de 1911.*

El Times Democrat de Nueva Orleans, del lunes 16 de julio último, inserta un artículo de asuntos económicos relativos a Honduras, y en él se habla de varias reclamaciones entabladas contra este país, ante el Gobierno de los Estados Unidos de América, por el señor Washington S. Valentine, por un total de pesos, oro americano, UN MILLÓN SETECIENTOS DIEZ MIL, que, a veces, agrega, se menciona como que es de DOS MILLONES DE PESOS ORO.

No es nueva la noticia.

La vimos por primera vez en el folleto publicado en los Estados Unidos por el general don Juan B. Paredes, y una insinuación sobre las mismas figura en el estudio publicado recientemente en un diario de esta capital, bajo el título de *Las contratas Valentine*. Mucho nos han llamado la atención las tales reclamaciones, primero por ser injustas, después por tratarse del señor Valentine.

Por lo demás, intentamos averiguar en los centros oficiales lo que hubiera sobre el particular, y allí se nos asegura que directamente ninguna gestión se ha hecho sobre esto asunto, sobre el que no existe dato alguno oficial en los centros respectivos.

He aquí lo que dice el Times Democrat en la parte respectiva, empezando por referirse a los contratos que fueron origen de los pretendidos reclamos.

"Valentine y sus asociades engañaron a Honduras y obtuvieron un arrendamiento y concesión del ferrocarril en 1892, en interés de la Mala del Pacífico, que quedaba satisfecha dejando a Valentine explotar la vía, en tanto que ella haría uso de la concesión como de garrote o amenaza contra el ferrocarril panameño. Su contrata estaba para expirar pero con esta concesión de la mano decía al ferrocarril panameño:

'Renueva nuestra contrata en términos que nos convenga o construiremos el interoceánico hondureño. Si nuestra contrata queda renovada, paralizaremos la línea hondureña'".

Es inútil decir que los intereses se coligaron y dejó de construirse la vía.

En 1897 vino otra vez Valentine con el socio en abogacía del señor Williams Jennings, a quien el señor Knox ha llamado para aconsejar al gobierno.

Representaba a Astor, Depew, Webbs, Mc. Collough, Nigolls, el ex-Secretario Scott y otros. Convinieron en arreglar la deuda y construir el ferrocarril, y estancaron la líneas para que la explotaran Valentine y Scott, de 1897 a 1903, en que la entregaron pacíficamente por orden de Chauncey Depew, su presidente, y en seguida presentaron una reclamación contra Honduras ante el Departamento de Estado, por $ 1.060,000, que, por consejo de Valentine, el Ministro Americano informó había sido retirada y abandonada. Esta reclamación ha vuelto a suscitarse y se considera como una reclamación fallada, que será pagada.

"El Times Democrat publicó un despacho relatando las instrucciones de Valentine a su yerno Hein, quien logró el nuevo arrendamiento en 1908, en Tegucigalpa, exponiendo que la línea era una carga para el Estado y no daba rentas al Gobierno.

El Gobierno de Manuel Bonilla había invertido los productos en la reconstrucción, máquinas, carros, rieles, puentes nuevos, etc., de modo que en el último año de su Administración, 1906, el ferrocarril cargó 310 buques, llevando a su costado 2 300.000 racimos, sin una hora de retraso.

El Gobierno de Dávila estaba desesperadamente exhausto, y fue obra sencilla engañar a Dávila.

Valentine pretendió que la antigua reclamación de $ 1.060.000 quedaba caducada por influencia suya. Dio seguridades de que él y sus socios estaban en capacidad de proteger al Gobierno de Dávila por medio del Departamento de Estado, cañoneros, etc., y finalmente Valentine, siendo presidente de la Rosario Mining Company tomó $ 60.000 de los fondos de la compañía minera, y los dio al Gobierno sin previa autorización de la junta de accionistas, los que ahora se están pagando de los derechos del muelle o fruta.

Anticipó 25.000 pesos plata anuales por cuatro año o sean cien mil pesos, y obtuvo un arrendamiento del ferrocarril y la renovación de la contrata del muelle, sometido a la sanción del Congreso, que nunca lo aprobó, y sometido al derecho de Honduras de poner término a los arrendamientos, siempre que el país arreglara la deuda o arreglara la construcción del ferrocarril.

En 1909, los tenedores de bonos, por medio del Ministro británico, propusieron fijar la deuda de Honduras en € 452.000 o sean $ 2.260.000, abandonando todo interés retrasado, computando el interés para lo sucesivo y pagando la deuda en 40 años por cantidades fijas de $ 200.000 anuales, suministrando los tenedores de bonos $ 1.000.000 para reconstrucción del ferrocarril y su extensión a muevas zonas fruteras y administrando el gobierno y los tenedores de bonos el ferrocarril, por convenio mutuo.

El señor Valentine, por sí y por sus asociados, firmó tranquilamente un contrato anulando las contratas de arrendamiento y del muelle, para entregar el ferrocarril por inventario, pagándole el gobierno $ 70.000 y arreglando por arbitraje amistoso cualquiera otra suma que debiera pagárseles. Se fue para San Pedro muy complacido.

Antes de llegar, por Guatemala, vio nueva luz con los avisos que recibió de que estaba trastornando los planes de sus asociarlos, Scott su socio, y Jennings, quienes no sólo representaban la antigua reclamación del Sindicato por $ 1.060.000, sino que tenían en prenda el interés de Valentine en el muelle.

De manera que, aprovechándose de una sutileza, se negó a proceder al inventario, y por último, al notificarle que sus $ 70.000 estaban listos, declaró que no los aceptaba ni contados a sus pies.

Finalmente, aparece que las reclamaciones de Valentine y Scott, han crecido de $ 70.000 a 650.000, y han llegado a constituir reclamaciones presentadas, agregadas a los $ 1,060.000 del Sindicato de Honduras, lo que hace $ 1.710,000, a lo que algunas veces se refieren como que son $ 2.000,000 que el Departamento de Estado puede reducir".

Dijimos antes que las reclamaciones del señor Valentine nos han llamado la atención: por ser injustas y por tratarse de él. Antes de entrar de lleno en el asunto, queremos explicar esto último.

Nobleza obliga, y a los extranjeros, la acogida hospitalaria y las atenciones y facilidades que se les prestan, imponen deberes que con gusto reconocemos cumplen en su mayoría. En este terreno, nadie más bien acogido, nadie que haya obtenido más fáciles ni mayores atenciones que el señor Valentine. Así lo ha reconocido él en su correspondencia privada y en sus escritos públicos, y así lo saben y reconocen propios y extraños en Honduras, recordando desde su primera aparición en esta sociedad, hace más de treinta años, con su estimable señora madre y hermanos, hasta su última permanencia en 1909; desde su primer viaje a Estados Unidos, por encargo del señor doctor don Marco Aurelio Soto, presidente de la República entonces, en 1881, a organizar la Compañía del Rosario, sobre las bases ideadas por aquel hombre de Estado y notable economista, hasta el último a Puerto Cortés, llevando en su bolsillo un contrato que le aseguraba setenta mil pesos oro y una pingue liquidación, el mejor negocio que el señor Valentine pudiera nunca imaginar.

Con estos antecedentes, no podemos creer en que tales reclamaciones afirmadas por el Times Democrat, sean efectivas, mucho más cuando en los centros oficiales, repetimos, nada consta directamente de ellas; y cuando, por otra parte, queriendo tanto a Honduras como él lo afirma, y teniendo negocios en el país, si no por él mismo, por la compañía de que es accionista no ha de convenirle incurrir en la sunción que señala el artículo 35 de la Ley de Extranjería, en el que ciertamente estaría comprendido.

Antes de seguir adelante, y como antecedente para demostrar la injusticia de las reclamaciones mencionadas, parecemos oportuno volver la vista atrás, aunque sea sólo por un momento, y recordar lo que fueron los contratos primeros á que aquéllas suponen se refieren, y el cumplimiento que tuvieron por parte del Sindicado: pero con demasiada extensión este artículo, queda la continuación para mañana.

## Contratas de 1892 y solicitud de 1893

*Miércoles, 16 de agosto de 1911.*

Concluimos nuestro primer artículo acerca de este negocio, ofreciendo recordar lo que fueron los primeros contratos sobre el ferrocarril nacional y cómo fueron cumplidos.

La primera vez que el nombre del señor Valentine y de un Sindicado, su mandante, aparecen en asuntos relacionados con el ferrocarril de Honduras, fue el 20 de julio del año de 1892, subscribiendo con el señor B. H. Van Anken jr., un contrato con el entonces ministro de hacienda, señor don Próspero Vidaurreta.

Era dicho contrato de arrendamiento por dos años, y pasados éstos, de explotación, propiedad y dominio del ferrocarril construido y perteneciente a la República, dándole a la vez el derecho de construir, equipar y explotar la segunda y la tercera sección del ferrocarril interoceánico, desde La Pimienta hasta un punto cual quiera del Golfo de Fonseca.

La República debía dar los terrenos nacionales para la obra e indemnizar a los particulares las expropiaciones que determinan el concesionario.

Se le daban a éste 6,200 manzanas de terreno o sean 12.800 acres por cada milla de ferrocarril construidas o sean cinco mil ciento ochenta hectáreas, con diez y seis áreas, por milla.

Se le pagaban como subsidio, durante diez años, contados desde que la línea estuviera abierta al tráfico, mil cuatrocientos pesos por cada milla de ferrocarril construido, desde Puerto Cortés al Golfo de Fonseca, ya en efectivo o en bonos, en los que se pagaría precisamente, el 10 p. % de los impuestos de aduanas.

También se le daba por noventa y nueve años, nada más; eso sí, con sujeción a las leyes emitidas o que se emitieran sobre minería, todas las minas de oro, plata y demás minerales, que eligiera el concesionario entre las denunciables, durante la construcción del ferrocarril de mar a mar y tres años después, no pudiendo otorgar la República, durante ese tiempo, ninguna concesión especial sobre minas.

Se le concedía la importación libre de toda clase de materiales y maquinarias, aparatos, explosivos, etc., y la exportación sin carga fiscal ni municipal alguna de los minerales que produjeran sus minas.

Se le daban maderas de los terrenos nacionales para la construcción del ferrocarril y toda clase de materiales para la misma, y además, el derecho de cortar y exportar maderas de los terrenos concedidos sin impuestos de ninguna clase, y de todos los demás nacionales, pagando los impuestos corrientes.

Además, derecho de preferencia para la compra de los telégrafos de la República y para la construcción de ferrocarriles. tranvías, telégrafos y teléfonos y, por último, otras muchas concesiones y privilegios que, ante los enumerados someramente, pueden decirse de menor cuantía, salvo la de no poderse construir, durante cuarenta años, ningún otro ferrocarril de mar a mar, tales como exención del pago de derechos de puerto y tonelaje sus buques o a aquellos que le llevaran carga; franquicia de aduanas, etc., etc., y el de alterar a su antojo las tarifas de fletes, peajes, tasas y derechos que hubieran de pagarse por pasajeros y mercancías.

El concesionario se obligó a dentro de veinte meses desde la aprobación de la contrata, a formar en los Estados Unidos de América una compañía para llevar a cabo el contrato, construyendo cuarenta millas de ferrocarril cada año, de manera que había de estar construida en su totalidad en cinco años a "más tardar", comenzando las obras dentro de dos años desde la aprobación del contrato.

Este duraría noventa y nueve años, pasados los cuales, la República tenía el derecho de comprar el ferrocarril por un precio de compra igual a veinte años de los productos netos del ferrocarril, calculados por los tres años precedentes o la terminación de los dichos noventa y nueve años "El precio se pagaría al contado".

De no comprar el ferrocarril, la República recibiría en lo sucesivo el 5 p. % del producto neto del mismo. Por último, se establecía el arbitraje para el arreglo de toda diferencia entre el Gobierno y el concesionario. Tan brillante como beneficioso contrato, para el concesionario se entiende, por fortuna del país no se llevó a cabo.

Se había *olvidado* al realizarlo, y lo recordó el señor Valentine, por medio de su representante, cuando le convino, que el Gobierno había celebrado una contrata de arrendamiento por 20 años, con el general don Eduardo Kraft, el 8 de julio de 1885, y si bien este señor General había ya fallecido tenía una heredera que representaba sus derechos.

A dicha heredera, viuda del señor Kraft, se le había concedido, mediante un arreglo suscrito el 8 de diciembre de 1891, permiso para subarrendar la sección del ferrocarril existente, en las condiciones que se estipularon, y entre éstas que el Gobierno tendría intervención en la contrata que celebrara, y que para ello se anunciaría por el término de cuatro meses, en un aviso, en solicitud de licitadores.

Hecho este anuncio, se presentaron varios proponentes, entre ellos el señor Valentine, que ofreció por el arriendo **50.000 pesos plata, por dos años.**

Pero debiendo hacerse el traspaso de la contrata Kraft, lo que se realizó fue un contrato nuevo, prescindiendo por completo de aquélla, por lo cual las cosas volvieron a por donde debían ir, conceptuando el señor Valentine muy corto el periodo de dos años que se fijaba al arriendo, el representante del dicho señor expuso que no podía compensarse en tan corto lapso los grandes gustos que Valentine había de hacer en la compostura y equipo de la línea, por lo cual solicitó que se autorizara a su favor el traspaso de la contrata Kraft o sea el arriendo hasta el 8 de julio de 1905, por manera que la contrata de construcción y explotación de 20 de julio de 1892, que debía entrar en ejecución, en cuanto las obras, después de la aprobación por el Congreso de la repetida contrata, no estaría vigente sino *hasta trece años.*

Esta solicita fue presentada por el señor Enrique Wüchner, "representante legal de Mr. W. S. Valentine", al Poder Ejecutivo de Honduras el 27 de marzo de 1893.

Aparece nuevamente el señor Valentine como contratista del ferrocarril, con otras bases, en cuanto a sus obligaciones para con el ferrocarril y para con el Gobierno, pero no en lo que respecta o los derechos del concesionario, en 24 de septiembre de 1894 contrata aprobada por el Congreso, por decreto número 62, de 17 de julio de 1895, en el que nos ocuparemos en un número próximo.

## Contrata de 1894, traspaso de 1895 y nueva contrata de 1896

*Jueves, 17 de agosto de 1911.*

Al referirnos a la contrata mencionada en nuestro anterior artículo, celebrado el 24 de septiembre de 1894 y sancionada por el Congreso en 17 de julio de 1895, debemos hacer notar algo más particular y significativo que nos limitamos a exponer, sin comentarios, que éstos se desprenden del hecho mismo una vez puesto de relieve, y que es bien curioso.

Cualesquiera que hayan sido las condiciones suscritas por el señor Valentine en sus contratos con el Gobierno, han quedado aquéllas incumplidas y siempre ha encontrado ocasión y motivo para que los contratos se reformen, protegen o renueven, con este u otro motivo; pero en forma siempre que el contratista, señor Valentine, haya podido seguir adelante en su negocio.

Verdad que esta regla quebró en 1903; pero bien sabido es cuánto y cómo se ha resarcido con la actual posesión de hecho del ferrocarril y muelle de Puerto Cortés.

Cuando han sido muy de bulto las faltas del contratista, siempre éste la encontrado medio para dar nueva forma al contrato, para con ella eludir obligaciones anteriores.

Comenzamos a pasar revista a la serie de los realizados, y ya hemos visto lo que señalamos, y lo hemos de ver constantemente en lo sucesivo.

El contrato de 1894 fue de arrendamiento del ferrocarril, del trazo construido de Puerto Cortés a La Pimienta, por el término de 10 años, que se contarían desde la fecha en que concluyera el arriendo contratado el 20 de julio de 1892.

Como se ve, venía a anular este contrato, no todo el convenio anterior, sino solamente lo relativo a las obligaciones de construir la segunda y tercera sección del ferrocarril, hasta el golfo de Fonseca.

Se omitió también todo lo relativo a reconstrucción de la línea existente, salvo de Chamelecón a La Pimienta, reemplazándolo por la obligación de mantener la línea en buen estado de modo que los trenes la recorrieran de un extremo a otro a razón de 9 millas por hora y reponer las locomotoras y carros que se deterioraran.

Se autorizó a Valentine para extraer libremente de los bosques nacionales todas las maderas que necesitara para la empresa y sus dependencias, y materiales de construcción.

Para introducir libres de todo impuesto fiscal y municipal los materiales que necesitara para el sostenimiento, mejora y administración del ferrocarril. Valentine se comprometió a pagar al Gobierno, anualmente, como precio del arriendo, el 15 p % del producto bruto de la explotación, garantizando que no bajaría de

$25.000 al año, pagando adelantados, por cuenta de esa suma, al principio de cada año, $ 20.000 y cada mes se haría la liquidación de los productos.

También se comprometió a reconstruir provisionalmente, el puente del río Chamelecón, sosteniéndolo con pilares de madera, y dentro de un año con pilares de acero, rellenos de cemento y piedra.

Valentine adquirió el derecho de continuar el ferrocarril al interior, caso de que durante el término de la contrata no hubiera hecho el Gobierno arreglos al efecto.

Toda propuesta que se hiciera con tal objeto, debía ponerse en conocimiento del contratista a quien se le dio derechos de prelación. El mismo derecho tenía en caro de licitación pública. Por último, se consignó el arbitraje como medio de dirimir las disputas o cuestiones que pudieran suscitarse.

El contrato, como va extractado, representa como salió aprobado por el Congreso, no como en realidad fue celebrado en la fecha antes dicha de 24 de septiembre de 1894.

En previsión de que tales reformas no fueran aceptadas por el señor Valentine, el Congreso autorizó al Gobierno para prorrogar los efectos de la contrata anterior o para celebrar un nuevo arreglo, hasta por año, de conformidad con las bases repetidas de 24 de septiembre.

En 21 de diciembre del año de 1895 se presentó al gobierno el señor don Ricardo Streber, como apoderado del de Washington Valentine, solicitando autorización para traspasar el contrato de arrendamiento del ferrocarril a la sociedad denomina The Honduran Railroad Company de Nueva Jersey.

Según certificado de organización de dicha compañía, los accionistas eran: George S. Scott, **Washington S. Valentine**, Barret H. Van Auken jr.; James B. Hauston, J. Dobson Good, James T. Worthington, Stillman Gray, Charles H. Johson—. Union N.J.

Por acuerdo del Gobierno, de 24 de diciembre de 1895, al mismo tiempo que se reconoció al señor Streber su carácter de representante legal del señor Valentine, se autorizó a éste para traspasar a la *Honduras Railroad Company*, la contrata referida.

El 19 de marzo de 1896 fue firmada una nueva contrata con el entonces ministro de Fomento, señor ingeniero don E. Constantino

Fiallos, por don Washington S. Valentine, como agente general éste, de la Honduras Railroad Company, "para trazar, construir, mantener y explotar una vía férrea que partiendo de Puerto Cortés o de otro lugar situado dentro de los límites de la bahía de Puerto Cortés á Omoa, llegue hasta el valle de Comayagua y de allí continúe hasta el golfo de Fonseca, debiendo terminar en un punto donde puedan atracar buques ordinarios de alta mar".

Cedía el Gobierno a la compañía, sin costo alguno, la primera sección del ferrocarril interoceánico construido, con todas sus conexiones.

El derecho exclusivo de tránsito, sobre tierra y agua, en todo el trayecto de la línea, y una faja de terreno de cien pies ingleses de ancho a cada lado de aquella, siendo obligación del Gobierno el pago de las expropiaciones que se hicieran, y de la compañía el valor de los cultivos y mejoras existentes en los terrenos de particulares que hubieran de ocuparse. Continuaremos en el número inmediato.

## Sigue la contrata de 1896

*Viernes, 18 de agosto de 1911.*

Con la prodigalidad con que ya es tradicional se hacen en Honduras estar concesiones, se otorgaron a la *Compañía cinco millas cuadradas inglesas* por cada milla de ferrocarril construido, o sean ochocientas cuarenta y dos hectáreas, treinta y cinco áreas y catorce centiáreas.

Se concedió también, como de ordinario, el derecho y la autorización para cortar y extraer libremente de los terrenos pertenecientes al Estado, todas las maderas necesarias para la construcción y mantenimiento del ferrocarril y sus anexos: lo mismo que para utilizar con idéntico objeto los demás materiales de construcción que se hallaran en dichos terrenos; pero sin perjuicio de tercero.

También se le concedieron a la Compañía otras franquicias, tales como la exención de pagar derechos aduaneros y toda clase de impuestos fiscales y municipales, así como la de toda clase de cargas, contribuciones y gravámenes, fueran por parte del Gobierno de las autoridades departamentales o locales, privilegios y exenciones para sus operarios y empleados inmigrantes y para los nacionales al servicio de la empresa.

Se le otorgó la propiedad exclusiva de todas las vetas o depósitos de metales útiles y preciosos que se descubrieran al abrir el camino, y se declaró la exención del pago de todo derecho de puerto a los buques de la Compañía o fletados por ella para la conducción de sus materiales.

Obtuvo derecho de preferencia para construir, mantener y explotar ramales o vías férreas laterales, obteniendo para los que construyera durante los primeros veinte y cinco años, las mismas concesiones otorgadas para la construcción mantenimiento del interoceánico.

Quedó sentado que las disputas o dificultades que pudieran surgir entre el Gobierno y la Compañía serían zanjadas por arbitraje.

La Compañía se comprometió a construir la segunda sección del ferrocarril, desde La Pimienta Comayagua, comenzándola "tan pronto como como fuese posible" y terminando por lo menos las primeras cinco millas un año después de la fecha en que comenzara a regir la contrata. Al terminar el segundo año debían estar construidas, equipadas y abiertas al servicio público, lo menos veinticinco millas inglesas de vía férrea: cincuenta millas a lo menos, al tercer año y al terminar el cuarto año la línea debería haber llegado a Comayagua, a lo menos.

Dos años más tarde o sea en un período de seis años, el ferrocarril debería estar construido, equipado y abierto al servicio público hasta el golfo de Fonseca.

El ancho de la vía se fijó en 42 pulgadas inglesas (1 m., 152 mm).

Se declaró en vigor la contrata de arrendamiento de la primera sección del ferrocarril, arrendamiento que continuaría hasta la fecha en que la Compañía hubiera construido las primeras cinco millas de ferrocarril desde el río Ulúa y Comayagua.

Con ese pequeño trozo de camino construido, la Compañía adquiría el derecho a recibir del Gobierno en propiedad, y sin más costo o cargo alguno, la primera sección del ferrocarril, con todas sus dependencias, material y anexidades. En cuanto al puente del Chamelecón, quedaba aplazado, si le parecía al gobierno.

Dicha primera sección había de reconstruirla la Compañía en los seis años de la construcción total.

Se consignó la caducidad de las cesiones y concesiones otorgadas para el caso en que la Compañía dejara de cumplir sus obligaciones sobre la prolongación y equipo del ferrocarril.

Mas para recuperar el Estado los derechos y goces de que se desprendía en favor de la Compañía, habría de pagar a ésta, al declararse la caducidad, en un plazo de seis meses, una remuneración en efectivo de una cuarta parte del valor actual de las millas de línea construidas y del material fijo y rodante con que hubiera abastecido y equipado al ferrocarril y de sus edificios y dependencia existentes, si la caducidad se declaraba en el primer año.

Si en el segundo o para el tercer año le pagaría la mitad del valor en aquella fecha. Si en el cuarto, pagaría el 85 p. %, y si al terminar el sexto, el gobierno pagaría a la Compañía el 90 p. %. Pero aun declarada la caducidad, la Compañía tendría derecho a conservar los terrenos nacionales que le hubieran correspondido.

La Compañía se comprometió a saldar la deuda exterior de Honduras, pagándola con el 75 por ciento de las ganancias netas anuales del ferrocarril, deducido primero de ellas un 4 por ciento, hasta 50 años, y si al expirar este plazo no estuviera extinguida toda la deuda la Compañía redimiría el resto con dinero efectivo y por su valor nominal.

Después de cancelada la dicha deuda, la Compañía se comprometió a pagar 5 por ciento anual de sus ganancias netas al Gobierno.

No se fijó plazo para la expiración del contrato, sino que se convino en que el Gobierno podía comprar el ferrocarril pasados setenta y cinco años de la fecha de la aprobación de la contrata, pagando su valor, en oro americano, un mes antes de la expiración del plazo, y lo mismo podía hacer cada año en lo sucesivo.

Para la Compañía y para su agente general, por lo visto, no debían valer nada todas las concesiones hechas por el Gobierno, de tierras, materiales y maderas, exenciones de derechos e impuestos y demás franquicias concedidas a la Compañía, ni tampoco sus ingresos durante setenta y cinco años, en los cuales, prudentemente pensando, hay que creer se habría indemnizado de sus gastos y obtenido además un buen interés al dinero invertido, cuando transcurrido tan largo lapso todavía tendría el Gobierno para entrar en posesión del ferrocarril, que pagarlo por todo su valor actual, y lo mismo en cualquier tiempo en lo sucesivo.

Téngase presente para apreciar la monstruosidad de semejante contrato, que solamente en terrenos se habrían *regalado* a la Compañía la cantidad insignificante *para ella,* sin duda, de **ciento cuarenta y nueve mil, noventa y seis hectáreas de terreno,** diez y nueve áreas y setenta y ocho centiáreas, por las ciento setenta y siete millas de ferrocarril que debía construir, en esta forma: ochenta y cinco millas de La Pimienta á Comayagua, y noventa y dos de esta ciudad al golfo de Fonseca.

Solamente la madera que debe suponerse existente sobre esos terrenos y que existe en realidad, habría bastado y bastaría en efecto para el pago de toda la obra. Cincuenta árboles por hectárea, darían 7.454.800 árboles, a los que puede dárseles un valor efectivo de igual cantidad en pesos oro, unos con otros.

Súmese a esto el valor de maderas y materiales para la construcción, de los derechos e impuestos no pagados y todas las demás franquicias concedidas, y podrá formarse idea de lo que todas, más, menos, han sido para Honduras las contratas que nos ocupan.

En nuestro número del lunes veremos cómo fue cumplida la que acabamos de recordar muy someramente y el juicio que mereció la conducta de la Compañía y de su agente general a los agricultores y comerciantes de la región porque atraviesa el ferrocarril.

## Contrata de 1897

*Lunes, 21 de agosto de 1911*

No obstante nuestra oferta de ocuparnos hoy en el juicio que mereció la conducta del Sindicado y de su agente general a los agricultores y comerciantes de la región porque atraviesa el ferrocarril nacional, creemos mejor aplazar la exposición de dicho juicio y seguir con la relación de las contratas, curiosas en verdad, y que por más que sean cosa de ayer, seguros estamos de que han de ser novedad para muchos de nuestros lectores ya que no figuran publicadas juntas, ni al referirse ellas se mencionan en las publicaciones hechas, más en el exterior que aquí, sino las de 1893, 1896 y 1900, y como excepción a veces, la de 1897.

Una vez más y otra y otra aún hemos de ver confirmado lo que hicimos notar en uno de nuestros anteriores artículos: la aparición de una contrata nueva en el negocio del señor Valentine o de su creación el Sindicado de Honduras, sobre el ferrocarril nacional y el muelle de Puerto Cortés en el momento oportuno Y cada ver que ha sido inminente el cumplimiento de obligaciones de alguna importancia, con lo que este asunto ha venido siendo, desde 1892, con el paréntesis ya señalado de 1903, un continuo tejer y destejer.

A la serie de contratas pasadas ya como en revista, la última de las cuales ha sido la de 19 de marzo de 1896, aprobada por Decreto número 76 del Congreso, en el mismo año, viene a agregarse la de 27 de marzo de 1897, suscrita por los señores Henry L. Sprague y **Washington S. Valentine,** como representantes del *Sindicado de Honduras,* y don Carlos A. García, Secretario de Estado en el Despacho de Fomento, por la ley, aprobada por Decreto Legislativo, número 120, de 5 de abril de dicho año de 1897.

Este contrato, en su primera y segunda parte, es idéntico al anterior relacionado de 1896. Cesión y trasferencia, sin costo ninguno para el Sindicado, de la primera sección del ferrocarril, iguales derechos de tránsito, la misma concesión de las concebidas cinco millas cuadradas inglesas por cada milla de ferrocarril construido.

La concesión de derecho y autorización para cortar y extraer libremente la madera y materiales para la construcción existentes en los terrenos nacionales, con las más exenciones, franquicias y privilegios que en la mencionada contrata figuraron.

Las obligaciones del sindicado también eran las mismas ya señaladas en nuestro anterior artículo, así como los plazos para comenzar el cumplimiento del contrato y para su término, y por repetirse todo se repitió hasta en la reparación formar del puente sobre el río Chamelecón a que estaba obligado el arrendatario de la primera sección del ferrocarril, podrá el gobierno permitir que se prorrogara "el tiempo fijado para repararlo si creyere conveniente cambiarlo de lugar o hacer otra obra más urgente de igual valor".

Pero los resultados prácticos para el concesionario, señor Valentine y socios, de realizar un nuevo contrato, saltan a la vista.

Primero, el arriendo del ferrocarril, en su primera sección resultaba prorrogado de hecho por un año más, puesto que se hacía constar que hasta un año de aprobada por el Congreso esta nueva contrata, habría construidas las primeras cinco millas de la línea férrea, las cuales por la contrata de 1896, debían haberse construido y celebrado la nueva que nos ocupa, y de esta construcción se hacía depender el fin del arrendamiento.

Parece un contrasentido que se pretendiera prorrogar el arrendamiento, cuando su término era, cumpliéndose, lo mismo en ésta que en la anterior contrata, la cesión en propiedad al Sindicado de la primera sección del ferrocarril, y vale más indudablemente, poseer una cosa en propiedad que no como arrendatario pero debe tenerse presente que para llegar a tal fin, había que emprender formalmente las obras de construcción, y haberlas llevado adelante hasta el término señalado.

Además, el contrato de construcción resultaba prorrogado también "de año a año", con tal que el Sindicado pague en efectivo al gobierno un valor igual al 15 p. % del producto bruto anual rendido por la dicha línea, y que durante el año anterior al en que hubiera dejado de cumplir, *habrá* construido lo menos quince millas de prolongación de dicha línea.

Dicho pago de 15 p. % continuará hasta que el Sindicado haya construido el número de millas que le corresponden concluir dentro de los períodos consignados en el artículo 20 (sólo se refiere a las 5 primeras millas), y si no le fuere posible alcanzarlo, seguirá pagando hasta que haya llegado o la bahía de Fonseca.".

La parte copiada de la contrata, por cierto no muy clara, modifica también el precio del arrendamiento, que ya no se garantiza, sumaría 25.000 pesos anuales, sino que se fija como queda apuntado, en el 15 p. % del producto bruto, cualquiera que sea éste.

La novedad en este contrato es lo que se refiere al arreglo de la deuda exterior de Honduras.

Se recordará que en el contrato de 1896, el Sindicado se comprometió a saldar dicha deuda con el 75 p. % de las ganancias netas anuales del ferrocarril, deducido primero de ellas un 4 p. % hasta 50 años, pasados los cuales el Sindicado con sus propios fondos, redimiría lo que quedara de la deuda, caso de no haber sido extinguida toda, y seguiría pagando al Gobierno, en lo sucesivo el 5 p. % de sus productos netos.

En la contrata de 1897 las cosas pasaron de otro modo. El Gobierno nombró al Sindicado su Agente Económico (Financiero, dice) Especial, confiriéndole amplio poder para nombrar agentes o representantes, para llevar a cabo las facultades que se le conferían para amortizar, redimir y arreglar la deuda extranjera Honduras, "contraída por empréstitos en Inglaterra y Francia".

Para llevar esto a su realización, se convino en emitir "Bonos Nuevos" por una cantidad equivalente al 25 p % del capital de la deuda primitiva "pagaderos en veinticinco años o antes si fuere posible por anualidades, en oro, con el interés de 1 ½ por ciento al año, también en oro, pagadero por semestres.

Se establecía la distinción de que los bonos pasaran de cien libras llevarían cincuenta cupones, representando cada uno el interés de un semestre, en tanto que los que no llegaran a esa suma no llevarían cupones y el interés sería pagado en efectivo mediante un recibo, que se anotaría en el reverso del bono.

Estos bonos serían entregados al Sindicado para efectuar su canje por los bonos emitidos anteriormente y que se denominaban "Bonos Viejos" sin que pudieran ser destinados a otros usos.

El canje se efectuaría durante un período señalado, pudiéndose, a voluntad de los tenedores, depositar los bonos viejos en un banco de oficina pública hasta su definitiva cancelación.

El sobrante de bonos nuevos si lo hubiera habido, se habría distribuido por mitad entre el Gobierno y el Sindicado. A éste *"como pago y satisfacción completa de la edición de los Bonos Nuevos," reclamos, avisos y demás gastos ocasionados por motivo del cambio de los mismos que deberán ser hechos de cuenta del propio Sindicado"*.

Se autorizó al Sindicado para establecer un banco o casa de banca que giraría bajo la denominación de Commercial Bank of Honduras, y por la extensión que va tiene este artículo dejamos para el número próximo seguir ocupándonos de esta contrata, la más importante de todas las celebradas.

Pero no terminaremos hoy sin consignar los nombres de los nuevos miembros del Sindicado, tal como figuraron en la contrata de 1897, que como se verá, difieren de los que eran en 1896. Señores Chauncey M. Depew, W. Seward Webb, John Jacob Astor, Benjamin F. Tracy, J. G. McCullough, **Frederic J. Jennings**, George S. Scott, Nataniel A. Prentiss, Charles McVeigh y Melville E. Ingalls, Jr.

## Contrata de 1897. La deuda extranjera y el banco

*Martes, 20 de agosto de 1011.*

Quedamos ayer en que se había autorizado a la Compañía para establecer un banco o casa bancaria, bajo la denominación de Commercial Bank of Honduras. Su domicilio legal sería la capital de Honduras y aquí estaría radicada también su oficina principal: pero las reuniones de su junta directiva o general podrían ser en donde se fijara por los estatutos.

Serviría como agente fiscal del Gobierno y podía ser además depositario de los fondos nacionales.

También podía tomar a su cargo el cuño de la Moneda, con facultades para acuñarla y dividiendo la utilidad obtenida en la acuñación por partes iguales entre el Gobierno y el Banco.

El capital de éste sería de $ 500.000 oro, capital que podía ser aumentado por acuerdo de los accionistas.

El Banco también sería agrícola-hipotecario, dedicado a este negocio una suma que no bajaría de la tercera parte del capital suscrito; pero el carácter principal del Banco era de emisión y descuento.

Los billetes serían emitidos sin que pudieran exceder del doble de su capital pagado y en caja, ni ser mayor del capital suscrito, y no podía tener en circulación más del doble de la existencia en caja y habría de tener, además, "bienes efectivos" de igual o mayor valor que los billetes circulantes.

El Banco podía establecer agencias en Honduras y en otras partes.

El Banco había de estar incorporado en algún estado de los Estados Unidos y debía presentar documento al gobierno que lo acreditara, así como hecho de haberse suscrito el capital que garantiza las operaciones. "Fuera de esto, el banco estaría sujeto a las leyes de Honduras".

El banco daría su garantía a los "bonos nuevos" emitidos por el gobierno, y, pasados quince años, desde la fecha en que se haya hecho el cambio definitivo de los bonos del Banco amortizaría todos los que hasta entonces no hubieran sido amortizados.

El sindicado convenía además, en que el ferrocarril garantizaría el compromiso contraído por el banco y el mismo ferrocarril, pasados los quince años mencionados, aplicaría el 50 p.% de sus ganancias netas al dicho pago y amortización una vez pagado el interés de sus propios bonos.

En caso de que en el vigésimo quinto año quedase aún sin amortizar una parte cualquiera de los bonos, el ferrocarril se obligaría a pagarla en efectivo y a la par, al expirar el mismo año.

El gobierno, por su parte, no alteraría las tarifas de aduanas en los dichos primeros quince años, con el fin de que la renta no disminuyere.

Durante el mismo plazo, el banco, con los agentes del gobierno, tendría plena facultad para vigilar la recaudación aduanera y para depositar su producto en sus cajas. Dichos derechos, hasta suman de un millón de pesos plata, quedarían a disposición del Ministerio de Hacienda, que podría girar cada mes por la parte correspondiente o sea por $83.333.33 1/3. Además tendría derecho al 25 p.% del exceso de lo que produjeran las Aduanas sobre el dicho millón de pesos, por los cinco años primeros y desde el sexto hasta el décimo año al 88 p.% del exceso.

Desde el décimo primero al décimo quinto, 50 p.8. después de rebajar los gustos de la administración de la renta y la suma necesaria para pagar los intereses de los "Bonos Nuevos existentes, destinando respectivamente, el 75 p.8% 66 2/3% y 50 p.% sobrantes para amortizar el capital de los bonos, sobrantes que serían depositados en el Banco en cuenta especial.

En caso de no producir la renta el millón de pesos mencionado, más los gastos de administración, el Banco supliría lo que faltara para cobrarlo en el año siguiente.

El Banco se encargaría de perseguir el contrabando marítimo por medio de vapore dispuestos al efecto, y en las fronteras por medio de guardas o agentes de aduanas, nombrados por él.

La contrata señala las formalidades para la amortización de los bonos é inserta los modelos de éstos, de sus endosos, garantía y forma del cupón. También inserta el personal, en aquella fecha, del Sindicado.

La garantía del cumplimiento de este contrato se fijó en un quedan por la suma de $ 80.000 oro, documento que sería depositado en una casa bancaria de Nueva York.

El depósito, como se ve, no pudo ser más expedito. Si el Sindicado o el Banco no cumplieran sus obligaciones en las fechas indicadas, y pagase la garantía, el Gobierno, renovando ésta estaba autorizado para *prorrogar* los plazos del contrato.

Se reconoció el arbitraje como medio de dirimir toda discusión o desavenencia y se declaró por el Sindicado de manera expresa, en el último párrafo del artículo 49, "que la referida empresa, en general, y todos los que tomaren parte en los negocios de la misma, serán considerados como hondureños, en cuanto a ella se refiera: y, en consecuencia, sólo podrán hacer valer sus derechos por los medios que las leyes del Estado conceden a los hijos del país".

Por un artículo adicional a la contrata el Sindicado aceptó *"las responsabilidades que pesaban sobre la sección del ferrocarril arrendada y el contrato mismo de arrendamiento ce los terminas establecidos en este convenio".*

También declaró *que no habiéndose cumplido las obligaciones* que imponía la concesión de 1896, aprobada por el decreto n° 76, del Congreso, dicha contrata quedaba anulada.

No fué mejor la suerte de esta contrata que la de las anteriores. Pasado algún tiempo, el preciso para que llegara el de dar cumplimiento con sus obligaciones, el Sindicado declaró que el contrato era *impracticable* y pretendió desde luego su reforma. Pero en la ocasión actual el Gobierno no se prestó tan de llano como en las anteriores, y quiso mantener sus derechos, exigiendo el cumplimiento del contrato en todas sus partes.

Respecto a la impracticabilidad alegada de él, se expuso con la debida firmeza que las condiciones aceptadas no eran sino repetición de las pactadas anteriormente, pues el Sindicato había aceptado de una manera expresa no sólo las responsabilidades que pesaban sobre la sección construida, sino las obligaciones que imponía la contrata de arrendamiento del año anterior.

Han podido juzgar los lectores acerca de las franquicias, privilegios y concesiones liberalísimas, en manera extraordinaria, concedidas al Sindicato. Sin embargo, otro de los motivos de discusión y de queja, fué las grandes ventajas que obtenía el Gobierno por el contrato, las cuales, efectivamente, no vemos por más vueltas que le damos.

Pero sea de ello lo que fuere y para no hacer eterna esta ya muy larga revista que pasamos a las contratas Valentine, agregaremos únicamente que la cuestión adquirió caracteres graves. Que el Sindicato envió para tratar sus asuntos, investido con el carácter de agente general, al señor D. B. Cooper, y que por parte del gobierno fue sometida la cuestión al Congreso, el que nombró una comisión de su seno para ocuparse en el particular. Hubo fórmulas de una parte y otra.

La del señor Ministro de Fomento, fue rechazada por el agente del Sindicato, y éste, a petición de la Comisión del Congreso, presentó una nueva proposición que para producir efecto, fue retirada en forma teatral, en nota de 24 de febrero de 1900.

Por último, el 17 de mayo del mismo año de 1900 se firmó un nuevo contrato entre el señor ministro de Fomento, de Honduras, don Francisco Altschul, y el representante del *Sindicado de Honduras,* señor John E. Bleekman, contrato que fué aprobado por el Congreso Nacional, reunido en sesiones extraordinarias, en decreto número 9, de 26 de mayo del mismo año expresado, y que en exposición presentada al Poder Ejecutivo de la República, su fecha, el día inmediato, 27 de mayo de 1900, por el mismo señor John E. Bleckman, en su dicho carácter de "representante general del Honduras Syndicate", éste dió su plena aprobación a la contrata aludida, **"tal como la aprobó el Congreso Nacional",** pues éste introdujo en ella algunas modificaciones y reformas, que el repetido representante del Sindicato hizo constar conocía, lo que es bueno tener presente para las discusiones que han de seguir, y consignó también que el *Honduras Syndicate* daba "por concluida, perfecta y terminada la expresada contrata, para los efectos concernientes a su ejecución y a las obligaciones de ambas partes contratantes". Son, repetimos, declaraciones importantes éstas, que han de prestarnos más adelante argumentos y fuerza contra las reclamaciones de que se habla y á que nos referimos en el principio de estos artículos, y que los han motivado precisamente.

En el día de mañana continuaremos con la contrata de 1900.

## La contrata de 1900

*Miércoles, 23 de agosto de 1911.*

Nos referimos ayer a la contrata celebrada por el Sindicado de Honduras y el Gobierno en 17 de mayo de 1900, y aprobada con algunas modificaciones por el Congreso Nacional el 26 del mismo mes y año. Tal como fue aprobada, y aceptada por el Sindicado después, es como vamos a hacer de ella una ligera referencia.

El primer artículo fue una especie de preliminar para la contrata. En él se hizo constar que el Gobierno y el Sindicado convenían *formalmente,* esta palabra que no es otra cosa que una traducción mala y en apariencia literal de la inglesa *formally,* en este caso "con toda solemnidad" o "en forma," indica quién inspiró y redactó el contrato; convenían, repetimos, en dar por terminada en absoluto la contrata sobre el ferrocarril interoceánico, arreglo de la deuda extranjera y establecimiento de un banco, celebrada el 27 de marzo de 1897 y aprobada por el Congreso el 5 de abril del mismo año; comprometiéndose ambas partes a no llevar adelante ninguna reclamación ni exigir indemnización de ningún género por razón de la contrata que se daba por terminada.

El Gobierno daba en arrendamiento, por el término de veinte y cinco años, al Sindicado, contados desde la fecha de la aprobación del contrato por el Congreso Nacional, la sección construida del ferrocarril, de Puerto Cortés a La Pimienta, con todo su material y anexidades. Por este arrendamiento se comprometía el Sindicado:

A pagar anualmente la suma de 15.000 pesos oro americano o su equivalente, pago que debería efectuarse todos los años, en el primer mes del respectivo.

El Sindicado se comprometía a construir dentro de los cuatro años siguientes a la aprobación de la contrata, la sección expresada y dentro de los dos primeros años, a construir el puente sobre el río Ulúa y a reconstruir el del Chamelecón.

Se obligó el Sindicado a proveer al ferrocarril del material rodante y equipo necesario para el buen funcionamiento y servicio de la línea férrea y a mantenerla en buen estado de servicio.

El término de veinte y cinco años sería prorrogable por mutuo convenio, bajo los mismos términos de la contrata, la que quedaría sin efecto por falta de cumplimiento de cualquiera de las condiciones expresadas y las más que se expresarán. En este caso el Sindicado no tendría derecho a reclamar indemnización por razón de mejoras hechas al ferrocarril, el que devolvería al Gobierno sin gravamen alguno. Por falta a las condiciones relativas al pago de la anualidad del arrendamiento o a la reconstrucción de la línea en cuatro años o en dos a la construcción del puente sobre el Ulúa y a la reconstrucción del puente sobre el Chamelecón, la rescisión se verificaría de hecho y sin necesidad de declaración arbitral.

Se concedió al Sindicado el derecho de construir, poseer, mantener y hacer un ferrocarril que partiendo del río Ulúa y pasando por la ciudad de Comayagua, llegase hasta un punto: en la bahía de Fonseca. Para él se le otorgaba una faja de treinta metros de ancho á cada lado de la línea. El Gobierno tenía la obligación de indemnizar el valor de los terrenos expropiados y el Sindicado el de las construcciones, mejoras o cultivos que en ellos existieran. Al pasar por poblaciones, la anchura de la faja aludida se reduciría a la mitad.

Al Sindicado se le autorizó para emitir bonos hasta por una suma igual al costo de la construcción de la línea, a medida que fuera construyéndola y abriéndola al servicio público; pero estos bonos no afectarían en manera alguna la sección de ferrocarril arrendada y el Gobierno no sería responsable ni por el capital ni por los intereses de dichos bonos, y sólo los reconocería como una primera hipoteca del ferrocarril, del Ulúa a la bahía de Fonseca y de las propiedades del Sindicado.

Se le autorizó también para tomar dinero a préstamo y para realizar otras medidas económicas, teniendo facultad "para comprar y vender terrenos, poseer, vender y explotar minas u ocuparse en cualquiera otro negocio lícito que le pareciera conveniente para el desarrollo de las riquezas de los terrenos contiguos al ferrocarril". Todo con sujeción a las leyes de Honduras; pero todos estos negocios del Sindicado no se considerarían como parte del ferrocarril para el efecto de las franquicias y privilegios que para éste se concedían.

Se le autorizó para construir, al estar terminada la línea del Ulúa á Comayagua, otra vía férrea paralela a la primera sección existente, desde un punto a señalar en la costa, hasta el río Ulúa, vía que habría de gozar de los mismos privilegios, derechos y franquicias que la anterior mencionada.

Se le concedió también el derecho, por los mismos veinticinco años, de construir ramales o vías férreas laterales, dándole a la vez el derecho de preferencia, en caso de propuestas para otras contratas. También, a solicitud de un individuo, sociedad o empresa, estaría obligado el Sindicado a construir cualquier ramal que se le pidiere, siempre que aquél o aquélla le garantizara un 6 por ciento anual de interés como producto del dinero invertido en el ramal.

Otras obligaciones tales como las de conducir en igualdad de condiciones todos los pasajeros y la carga, y las disposiciones relativas a la explotación y a las ventajas reconocidas en ella al Gobierno, las pasamos por alto por ser las ya tantas veces repetidas.

Por la construcción del ferrocarril del Ulúa á Fonseca, se acordó a Sindicado un área de cinco kilómetros cuadrados en lotes alternos con otros para el Gobierno, por cada kilómetro de ferrocarril construido, siendo de cuenta del Sindicado los gastos de medida de unos y otros lotes.

En caso de caducidad de la contrata, los poseedores de los terrenos torgados por ella, podrían conservarlos definitivamente sólo pagando su valor legal.

Se concedió el consabido derecho y autorización para cortar maderas y utilizarlas para la empresa libremente, tanto para sus construcciones como para su mantenimiento, lo mismo que para extraer y utilizar los demás materiales de construcción de los terrenos nacionales y sin perjuicio de tercero. También se le otorgó la acostumbrada exención de derechos para lo que importara para la empresa, excepción hecha de vinos y licores, con todas las demás franquicias corrientes para la importación de operarios y para éstos durante su ocupación por la empresa.

Se otorgó al Sindicato, durante el tiempo de la construcción del ferrocarril, la propiedad exclusiva de todas las vetas o depósitos de metales útiles y preciosos o de cualquier clase de sustancias minerales que se descubrieran al abrir el camino, con tal que el Sindicato los denunciara en el plazo de dos años, contados desde la fecha del descubrimiento y se sujetara en todo lo demás á las leyes de Honduras.

Tendría derecho de construir, mantener y usar en todo el trayecto de la línea férrea, líneas telegráficas y telefónicas, para el servicio exclusivo del ferrocarril.

Se proveyó á la franquicia de los pasajeros y carga de tránsito de mar á mar, y á la exención de impuestos por el hecho del pasaje en el ferrocarril.

Se otorgó la exención ya consignada en contratas anteriores, para los buques de la empresa y para los fletados por ella, para conducir su carga.

Se le reconoció al Sindicato el derecho exclusivo de construir ferrocarriles en la zona señalada á este, y durante quince años no se podría construir ningún otro paralelo a este en una distancia, a un lado y otro, de veinticinco kilómetros, dictándose disposiciones conducentes á hacer efectivo este derecho.

No se olvidó el otorgar terrenos también por los ramales que se construyeran, y se fijó en la mitad de lo concedido por kilómetro de línea principal, lo que recibiría el Sindicato por cada kilómetro de los ramales, estableciéndose también, aunque sin reglas especiales para hacerlo efectivo, que en ningún caso el Sindicato recibiría más terrenos por los ramales que los que le hubieran correspondido por la línea principal, ni podría escogerlos por los ramales en otros lugares, no habiéndolos donde se construyeran, de propiedad nacional. Los ramales de longitud menor de cuarenta kilómetros no daban derecho a terreno alguno.

Suspendemos el extracto de esta contrata hasta el próximo número. Tal vez en él quede terminado lo que se refiere a las relativas al ferrocarril.

## Sigue la contrata de 1900. Prórroga de 1902

*Jueves, 24 de agosto de 1911.*

Como término para la construcción del ferrocarril del Ulúa á Comayagua, se fijó el de cinco años, contados desde la aprobación de la contrata, y en dos años siguientes habría de estar construido, equipado y abierto al servicio público todo el ferrocarril hasta su término en el golfo de Fonseca.

A los dos años de la dicha aprobación, deberían estar construidos, equipados y abiertos al servicio público, por lo menos 25 kilómetros de ferrocarril.

Si el ferrocarril no estaba construido hasta Comayagua dentro del término estipulado, por ese mismo hecho quedaba sin efecto el arrendamiento existente entre Puerto Cortés y la Pimienta. Tanto en este caso como en el de que no se construyera hasta el golfo de Fonseca en el plazo prefijado, perdería el Sindicado el derecho de seguir construyendo la línea; pero conservaría todos los derechos y privilegios correspondientes á la parte de ferrocarril construida por él, excepto el relativo á la construcción de otras líneas paralelas, que podría entonces construir cualquiera otra persona ó compañía.

En el caso de caducidad del contrato, el material rodante importado se dividiría entre el Gobierno y el Sindicado en proporción al número de millas de la parte existente y de la que se hubiera construido. Se dictaron otras disposiciones relacionadas con el equipo y operación de la línea y al estado en que debiera encontrarse el ferrocarril y sus anexos al expirar el contrato. También se fijó el derecho del Gobierno á comprar el ferrocarril á los setenta y cinco años de aprobada esta contrata, pagando en oro americano ó su equivalente, el valor en aquella fecha del ferrocarril y sus ramales con todos sus correspondientes pertenencias y materiales existentes, fijado por dos peritos nombrados uno por cada parte. Este derecho se mantendría para en lo sucesivo, de cinco en cinco años.

Transcurridos noventa y nueve años, el ferrocarril, los ramales, anexos y dependencias, pasarían á poder y propiedad del Gobierno, sin gravamen alguno para éste.

En la contrata consignó el representante del Sindicado quiénes eran los miembros de éste, que no obstante haber sido mencionados en uno de nuestros anteriores números, los repetimos aquí por haber en ellos un ligero aumento. Fueron: los señores Chauncey M. Depew, W. Seward Webb, John Jacob Astor, F. G. McCullough, **Frederic B. Jennings,** George S. Scott, Nathaniel A. Prentiss, Charles McWeigh, Melville E, Ingalls jr. y John E. Bleekman.

Se estableció el arbitraje como medio de dirimir toda diferencia ó disputa que pudiera surgir.

Terminó esta contrata declarándose, en su artículo final, que la contrata celebrada el 27 de marzo de 1897 quedaba sin efecto; y el Sindicado convino y declaró, por medio de su representante general, que aceptaba todas las responsabilidades que pesaban sobre la sección arrendada, y el contrato mismo de arrendamiento en los términos establecidos, y que no habiéndose cumplido por la compañía arrendataria del Ferrocarril las obligaciones que le impuso la contrata de 1890, dicha contrata estaba anulada y ningún derecho le quedaba á la mencionada compañía.

En el periodo de 1897 á la fecha en que empezaron las discusiones entre el Sindicato y el Gobierno, había construido el primero cinco millas de ferrocarril y había llenado otras obligaciones, como hemos de ver más adelante; pero no puso mano en los puentes, por consecuencia de lo cual el trozo de línea construido resultaba aislado y perfectamente inútil. Pero durante el periodo en que el Sindicado tuvo en su poder y explotó el ferrocarril conforme á la contrata de 1900, nada hizo en cumplimiento de lo que por la misma se impuso.

Lo demuestra la solicitud presentada al Gobierno por don Adolfo Pereira, en concepto de representante y agente general del Sindicado de Honduras, el 6 de marzo de 1902 en la que pedía un año de prórroga a la contrata, ofreciendo dar cumplimiento á las obligaciones contraídas.

Son de tal naturaleza las razones en que se apoyaba la solicitud de prórroga, que creemos conveniente consignarlas para que se juzgue de su valor, y hasta si se quiere de su seriedad.

Afirmaba el señor Pereira, en representación del Sindicado, después de los años en que éste se había hecho cargo de la empresa del ferrocarril de Honduras, que al celebrar el contrato de 1900 "no pudo llegarse al serio y detenido estudio de un plan verdadero de parte de sus representados, para acometer esa empresa y darle fiel cumplimiento á sus obligaciones".

A continuación decía, bien entendido que con toda seriedad y formalmente después de referirse a las gestiones que había practicado el mismo señor Pereira para conseguir en el año de 1901 unas enmiendas al contrato de 1900 *a la resolución de una nueva contrata*, siguiendo en esto la táctica vieja, ya señalada, de las continuas contratas y sus reformas; que, con relación y la falta de cumplimiento de las obligaciones pactadas, había influido en ella, que "las principales obligaciones de sus mandantes, según la contrata indicada, se envuelven con varias de las industrias fabriles de los Estados Unidos: y estas, desde el año pasado, han corrido por crisis tan violentas a consecuencia de las grandes huelgas… por lo cual, esas fábricas, perdido su equilibrio, en el gran funcionamiento de ellas por esos serios tropiezos, no han podido llenar los pedidos de los materiales que se necesitan para empresas como éstas, sin embargo de que tienen compromisos para llenarlos, como así sucede á este respecto".

Pues no obstante tales motivos para la solicitud de prórroga, ésta fué concedida por el Gobierno á reserva de lo que dispusiera el Congreso al serle sometida á su aprobación.

Con efecto, el Congreso desaprobó la prórroga concedida, lo que el 8 de mayo de 1902 le fué comunicado al repetido señor Pereira, repesentante del Sindicado, haciéndose constar en la comunicación, que se dirigía para que no se entendiera se hacía renuncia por parte del Gobierno de sus derechos ni se aceptaba dejase de cumplirse ninguna de las obligaciones del Sindicado.

El señor Pereira, en contestación, afirmaba el 12 del mismo mes y año, que el Congreso no aprobó ni desaprobó la prórroga concedida, sino que simplemente aplazó conocer del asunto, por lo cual debía conceptuarse existente la prórroga hasta el 26 de mayo de 1903, a menos que durante ese tiempo un Congreso desaprobara la prórroga,

Esta continuó en efecto; pero en modo alguno sirvió para que se llevaran á cabo las estipulaciones de la contrata, con lo que dicho se está que ni adelantó la línea una pulgada, ni siquiera se acumularon los materiales, en perspectiva de futura construcción del puente sobre el Ulúa. Expuestas ya las principales bases de la última contrata sobre el ferrocarril en que intervino el señor Valentine, antes de 1903, ha podido apreciarse la validez que tendría dicha contrata y los derechos de que estaría en posesión el Sindicado en la fecha expresada.

Seguiremos en el número inmediato.

## Un paréntesis

*Viernes, 25 de agosto de 1911.*

Terminamos ayer con la última de las contratas en que estuvo el señor Valentine interesado, antes de 1903, y antes de seguir adelante en la mención del acto verdaderamente patriótico y de administración pública, del Gobierno entonces presidido por el general Bonilla, reivindicando para el Estado el ferrocarril nacional, creemos llegado el momento de abrir un paréntesis en nuestra narración, para dedicar un pequeño espacio a lo que fué la obra del
contratista y de sus representados durante el tiempo en que tuvo en arrendamiento el ferrocarril, bajo el título de tal arriendo y con pretexto de construcción futura de la línea interoceánica.

Podríamos copiar ó siquiera presentar en extracto las numerosas hojas sueltas, remitidos de periódico y cartas que en colección inmensa y en número verdaderamente abrumador tenemos a la vista; pero tal vez se nos arguyera que recogíamos rumores del arroyo, que no tienen otro valor que la pasión ó el interés de quien los produce. Preferimos buscar otra clase de documentos y no serán muchos, que nuestro trabajo va siendo muy largo y aún nos queda bastante camino que recorrer; pero en este asunto, como en todas las cosas humanas, bastará la muestra.

Aún antes de ser puestas en ejecución, apenas firmadas las contratas, tuvieron el triste privilegio de levantar en su contra la opinión pública del país y también la extranjera.

En la República, diario de Guatemala, del lunes 20 de diciembre de 1897, figura un editorial en el que se califica de "bochornosa" la negociación de 1897, y a continuación se inserta, traducido, un artículo de un periódico americano relativo a la misma y del que vamos a presentar algunos párrafos.

Habla del negocio y dice: "Un sindicado de gente opulenta, residente en los Estados Unidos, que codicia las serranías llenas de minerales, las tierras feraces y los bosques hermosos poblados de caoba, roble, palo de rosa y ébano, ha *comprado* al Estado, hasta donde sea esto compatible con las leyes internacionales...
El hombre que concibió la idea de comprar el país, que organizó este sindicado y que ha logrado su fin después de varios años de astuto trabajo diplomático es Washington S. Valentine, de la casa de Corredores W. S. Valentine y Compañía, que tienen su oficina en *Produce Exchange Building*.

El señor Valentine, desde hace años, ha tenido conocimiento de los ricos recursos del país y de la falta de iniciativa de los hondureños para su desarrollo. Se convenció de que se podría lograr fortuna por medio de la administración de los negocios en provecho de las industrias del país, y no encontró dificultad en conseguir la cooperación de otros hombres opulentos para formar el Sindicado. Estos hombres son Chauncey M. Depew, John Jacob Astor, W. Seward Webb, General Benjamín T. Tracy, Y. C. M. Cullough, T. B. Jenning, antiguo socio de abogacía del expresidente Grover Cleveland; George S. S. Scott, N. A. Prentiss, Charles M. Weagh y Melville E. Turalls, presidente del ferrocarril *Big Tour*.

Los bienes unidos de los miembros del Sindicado y el capital que representan pasan de trecientos millones de dólares.

Estos son los hombres que han comprado el derecho de gobernar a aquel país frondoso, con sus hijos morenos, ladinos, españoles y mestizos de todas razas, sus bosques ricos donde la naturaleza pródiga muestra su exhuberancia, sus plantaciones de café y azúcar sin rival en la tierra, y para trabajar las minas de oro y plata que han quedado encerradas desde que fueron abandonadas por los aztecas al tiempo de la conquista por Cortés, del nuevo país que comprendió toda la América Central y Méjico.

El señor Valentine dió principio á las negociaciones en 1893, y no las dejó en olvido hasta lograr que se ratificasen, por el Congreso de Honduras, los contratos y convenios que dan el manejo del país de hecho.

Considerando la importancia de estos privilegios (que se enumeran todos en el artículo), parece que la única razón por que el Sindicado no ha recibido mayores concesiones, es porque no existen otras que darle".

Nos parece bastante lo copiado para que se aprecie cómo reci- bió la concesión de 1897 la prensa americana, y para que se vea cómo aquella apreció muy claramente la serie de las contratas Valentine, como lo hemos hecho nosotros: como un sólo y único negocio perseguido con perseverancia desde un principio.

El mismo periódico citado, La República, insertó en su número correspondiente al 7 de enero de 1898 una "protesta" por el negocio arreglado con el Sindicato, suscrita por numerosos hondureños, entre los que figuraron personas tan conocidas como el el general don J. M. Durón, general don Andrés Leiva, licenciado don Francisco J. Mejía, doctor don Alberto Zúniga, general don Maximiliano Ferrari Guardiola, coronel don Juan María Cuéllar, licenciado don Rafael Alvarado, don Augusto M, Ferrari y gran número de otros hijos de Honduras, que se asociaron para protestar contra contratas que juzgaban onerosas en extremo.

Esto fué antes de que pudieran apreciarse los resultados de las mismas. Lo que fueron éstas vamos á buscarlo en documentos oficiales únicamente, y que proceden de personas que no pueden ser sospechosas de parcialidad.

Al señor don Policarpo Bonilla tocó en suerte acordar la aprobación de la contrata de 1897, en la que por su importancia nos hemos fijado. Esta circunstancia excluye toda idea de prevención contra el Sindicado y el señor Valentine, Sin embargo, véase cómo se expresaba aquél, en su último mensaje al Congreso Nacional, el 19 de enero de 1899.

"La contrata que se celebró con *The Honduras Syndicate* para la construcción de esa vía —el ferrocarril interoceánico— y para el arreglo de la deuda, ha dado lugar á graves dificultades entre dicha Compañía y el Gobierno.

Los trabajos de construcción de la línea férrea se suspendieron desde el mes de abril, con motivo de la guerra entre Estados Unidos y España, á juzgar por lo que expuso el representante de la empresa. Sólo había construidas cinco millas de línea; pero sin haber acopiado el material para el puente sobre el Ulúa, según lo convenido.

Sobre el arreglo de la deuda nada debe haber hecho el *Commercial Bank of Honduras,* encargado de efectuarlo, porque ningún informe ha dudo al Gobierno sobre ello, ni ha publicado los avisos prevenidos en la contrata.

Tampoco ha cumplido el mismo Banco su compromiso referente á la renta aduanera; pues dejó de pagar desde en junio el déficit de los meses anteriores. Las cantidades no pagadas pueden estimarse aproximadamente, hasta la fecha, en ciento cincuenta mil pesos, lo que ha desnivelado el Presupuesto General de Gastos y ocasionado grandes males a la Nación.

Por tales motivos, y otros de menor importancia, el Gobierno ha demandado la formación del arbitramento estipulado, para pedir que declare la violación de la contrata por parte de las Compañías concesionarias, y resolver después si declara caducas las concesiones en todo o en parte, ó entra en nuevos arreglos".

Procuraremos cerrar el lunes el paréntesis que hoy dejamos abierto.

## Continúa el paréntesis

*Lunes, 28 de agosto de 1911.*

En la Memoria del mismo año de 1898, leída al Congreso en sus sesiones de 1899, por el señor ministro de Fomento etc. etc., que entonces lo era el ingeniero señor don E. Constantino Fiallos, a quien también había tocado suscribir el contrato de 1897, lo que excluye desde luego toda idea ó sospecha de parcialidad en él, se consignan los párrafos que siguen:

"Cáusame tristeza, por no decir desaliento, tener que daros cuenta, á los diputados, de la paralización de la obra en que están cifradas por hoy las más lisonjeras esperanzas del patriotismo hondureño...

Construyó, es verdad, el Sindicado cinco millas de vía férrea hacia el Sur de la Pimienta, y pagó durante cierto tiempo el déficit mensual del producto de la renta aduanera; pero no cumplió lo convenido acerca de los puentes Ulúa y Chamelecón; no ha dado ningún paso para editar los bonos nuevos y cambiarlos por los viejos de nuestra deuda; fundó, es cierto, el Banco; pero no se
cuidó de subsanar las deficiencias que tenían los Estatutos, para lo cual se le señaló el término de seis meses, contados desde enero de 1898; no ha tratado de impedir el contrabando por medio del establecimiento de los vapores aduaneros y de los guardas á que se refiere el artículo 42. Se queja de que la recaudación de las rentas aduaneras y el depósito que de ellas debería hacerse, no se han verificado debidamente, y no ha presentado, á pesar de habérsele ; exigido, el reglamento que estaba obligado á formar y que de seguro habría salvado esos inconvenientes.

El artículo 41 le confiere terminantemente el derecho de vigilar que las leyes aduaneras fuesen fielmente cumplidas y que el cobro de los derechos y el depósito últimamente referido se hiciesen efectivos; y es seguro que si hubiere ejercido la vigilancia que de él se esperaba en eso y en la persecución del contrabando, no habría habido déficit en la producción calculada de la renta.

Reclama el depósito de los derechos de exportación como la parte de la renta aduanera, cuando, según la Ley de Presupuesto que sirvió de base para fijar en la contrata la cantidad de un millón como ingresos, se han considerado como valor independiente, del que nunca pensó en desprenderse el Gobierno, porque no habría podido llenar el Presupuesto de Gastos.

El Commercial Bank of Honduras se ha dado á conocer en esta capital como una institución sin vida: no ha prestado dinero para el desarrollo de la agricultura; no ha estudiado ni ha propuesto nada al Gobierno acerca de la acuñación de moneda hondureña; cosas todas que se esperaban de esa institución al consignar su establecimiento en la contrata. Para explicar su inacción y su instabilidad, pretexta que pidió al Gobierno autorización para introducir al país $ 200.000.00 en soles, y que prácticamente le fué denegada. Lo que hubo fué que en la consulta privada que los señores Campbell y Travieso hicieron sobre el particular, el señor Presidente les manifestó los inconvenientes que al país acarrearía la introducción de golpe de una fuerte cantidad de moneda en aquellos días en que tan rápidamente iba bajando la plata; pero que si era preciso, podrían introducirse cantidades de veinte mil hasta cincuenta mil pesos. En igual sentido se contestó al Superintendente de la Compañía *El Rosario*, quien en esos días hizo una consulta semejante; pero tampoco importó la moneda porque al intentar hacerlo tropezó con ciertas dificultades y vió que no le tenía cuenta. Además no había ley que prohibiera la importación.

Pretende el Sindicado que el Gobierno destruyó el crédito del Banco, imposibilitándolo para todo negocio futuro, porque protestó por falta de aceptación y pago de un giro con valor de $ 16.646,29, correspondiente al déficit aduanero del mes de junio.

Mal podría exigirse que el Gobierno se conformase con el giro respaldado en violación manifiesta de la contrata; y mal puede afirmarse que tuviera crédito adquirido un banco que no había hecho operaciones, y cuyas letras en pago de los alcances aduaneros, sólo endosadas por el Gobierno encontraban realización.

En cuanto á los puentes del Ulúa y del Chamelecón, el Poder Ejecutivo no ha podido aceptar como acopio de materiales para construir el primero, la cantidad de madera y piedra que se reunió para echar los cimientos de las pilastras, cuando el puente que constituye la parte principal de la obra no estaba ni comprado, ya que una contrata para construirlo cuando conviniera, sin dar ninguna garantía á los fabricantes y al Gobierno, no podía considerarse como formal; y que aun estando construido en los talleres de Nueva York y á la orden del Sindicado, no se llenaba la condición de dar mayor garantía á la contrata, puesto que en el caso de caducidad de ésta, no estaba disponible para el Gobierno, y las ciinco millas nuevas de camino, desunidas de las viejas, como lo están hoy, carecerían de importancia.

Al puente de Chamelecón, simplemente dejó la Compañía de hacerle la reparación formal, estipulada en la contrata de arrendamiento de la primera sección é incorporada en la de construcción del ferrocarril interoceánico, sin pedir prórroga ni proponer el arreglo de sustitución de esa obra por otra de igual valor á que el artículo 20 se refiere. Esta obligación y la relativa al puente de Ulúa, están claramente establecidas para el Sindicado en la contrata, y no debe discutir acerca de la conveniencia de su ejecución. Si el cumplimiento de ellas debe ser previo para la entrega de la primera sección, como sostiene el Gobierno, ó si deben considerarse como condiciones independientes para ese fin, como opina el Sindicado, sólo el tribunal de Árbitros lo podrá resolver. Pero, en todo caso, puede asegurarse que han dejado de cumplirse en su debido tiempo.

El Banco ha entregado al Gobierno la suma de $ 200.239.93 como agregado de los alcances en la producción de las Aduanas; y por la entrega de esa suma y lo más que ha invertido en sostener y aumentar la vía férrea que ha estado explotando, pretende el Sindicado haber hecho inmenso favor al país, sin tomar en cuenta que, á no ser por la contrata con él celebrada, el Congreso habría subido, como estaba resuelto a hacerlo, la tarifa de los derechos aduaneros, habiendo asegurado así sobra de fondos para la administración pública, en vez de estar necesitando los que el Sindicado debe entregar.

Estoy seguro de que ninguno de los señores Diputados podrá concederle visos de justicia al cargo que el Sindicado hace al Poder Ejecutivo, de que trata de poner obstáculo á la ejecución de la contrata que tanto empeño tuvo en celebrar, y á la realización de la obra que más bienes traería á Honduras y mayor gloria reflejaría sobre la Administración del Gobernante actual.

La actitud de oposición que, según el Sindicado, han asumido los tenedores de bonos extranjeros, no es tal como la figura; y aun cuando fuera, estaría ya prevista por el Poder Ejecutivo y por el Congreso Nacional, quienes habían tomado la resolución de proceder en esta vez como los altos intereses del país lo reclaman, dejando salvada ante el mundo la honra nacional, y digo dejándola, porque ya lo está en la conciencia de cuantos conocen la historia de nuestra malhadada deuda. También el Sindicado había previsto ese caso cuando aceptó la contrata, y no debería por consiguiente tomarlo como base de ningún cargo contra el Gobierno, sino antes bien proceder de acuerdo con éste como su agente financiero, según el artículo 82, y como garantizador de los nuevos bonos, según el artículo 40. Pero el hecho es que el Concejo de tenedores de bonos ha manifestado al señor Presidente y al Ministro de la República Mayor de Centro América en

Londres, su buena disposición para recomendar á los poseedores de bonos hondureños que acepten el proyecto de arreglo contenido en la contrata, con tal que se les dé una garantía formal de que el pago del capital é intereses de los nuevos bonos se hará cumplidamente, garantía que el Sindicado es el llamado a dar en forma legal por medio del Banco, como claramente lo establecen el citado artículo 40 y el penúltimo párrafo del artículo 41 de la contrata.

Es muy sensible, señores Diputados, que los prominentes capitalistas que forman el Sindicado, en vez de proceder como si hubiesen asegurado en Honduras un gran negocio mediante una contrata dúctil o fácil de eludir, no se hayan convencido de que sólo pueden obtener los más brillantes resultados, con grandes dividendos para sus capitales, si entran de lleno, con nosotros, en el desenvolvimiento del país y se resuelven a ser nuestros sinceros aliados durante algunos años para lograr la redención de nuestra deuda y la consecución de nuestra prosperidad.

Así se explica que no hayan tratado de escoger los terrenos que van á recibir, ni hayan dado ante la opinión pública, esa multitud de pequeñas pruebas que revelan propósito de arraigo; por eso es que han aducido como inconvenientes insuperables para llevar adelante la obra, la actitud de los tenedores de bonos, la Constitución Política de los Estados Unidos de Centro América, el valor de veinte mil dólares fijado como límite de los bonos para la construcción de cada milla de ferrocarril; insinuando ahora que se eleve á cuarenta mil; por eso, en resumen, ha tratado de demostrar al Gobierno el Agente del Sindicado la necesidad de hacer modificaciones á la contrata actual; las cuales, sin embargo, no se ha podido lograr que concrete y proponga en debida forma para ver si era posible llegar a un nuevo arreglo que sometería hoy a vuestra consideración.

Tal conducta de parte del Sindicado, ha impedido que se establezca la confianza en nosotros y en los tenedores de bonos acerca del cumplimiento de la contrata y ha hecho que las relaciones entre el Poder Ejecutivo y la Compañía, en vez de estrecharse hasta conseguir, mediante la discusión amistosa, que subsanaran las deficiencias ó imperfecciones que pueda tener la contrata, antes bien se alejasen, manteniéndose apenas en el terreno rigurosamente oficial".

Hasta aquí la memoria del señor Ministro Fiallos. Mañana continuaremos la tarea.

## Concluye el paréntesis. Entrega del ferrocarril al Gobierno. 1903

*Martes, 29 de agosto de 1911.*

Hemos visto la opinión oficial respecto a cómo había cumplido el Sindicado la contrata de 1897 y las dificultades que ocasionó antes de que se realizara la nueva de 1900, última a que nos hemos referido, y la que según se consigna en su primer artículo extractado ya dió por terminada en absoluto la contrata de 1897, y por fenecida toda reclamación de una y otra parte, y toda demanda de indemnización de ningún género por consecuencia de la contrata que declaraban terminada. Parécenos que no será demás copiar un documento que indica con la desconfianza y el recelo con que iba a ser recibida la nueva contrata de 1900, y con él cerraremos este ya largo paréntesis.

El documento en cuestión es un telegrama dirigido al señor Ministro de Fomento, por los empleados de San Pedro Sula, el 20 de mayo de 1900. El original del que se ha sacado la copia que poseemos, está en el Ministerio de Fomento, legajo número 1, "contrata del ferrocarril-1900", documento número 9, que forma las páginas 44 a 48, ambas inclusive, del legajo. Es como sigue:

"San Pedro, 20—mayo—1900.—Sr. Ministro de Fomento.— Tenemos el honor de dirigirnos á Ud. para manifestarle la alarma que nuevamente ha aparecido entre todos estos bananeros, y con justa razón, por tener noticia cierta de que el *trust Bananero* posee en la actualidad el mayor número de acciones del ferrocarril. El ferrocarril interoceánico si se llega á construir será una obra de beneficio general para este país, una obra de verdadero progreso; pero en la actualidad no se ve más que una explotación desgraciada para el Estado, y especialmente para los agricultores de este departamento, quienes presienten ya, con justa razón, los resultados fatales de sus empresas, si las compañías fruteras, entre las cuales está el *Trust,* son los dueños del ferrocarril. Tanto para calmar los ánimos de esta gente, con justicia alarmada, como por si se aprueba la contrata con el tal Sindicado, que

no es más que un antifaz que cubre compañías extrañas, que son las propietarias, creemos conveniente se estipulen condiciones precisas y obligatorias que en todo caso y tiempo puedan formar compromiso al Sindicado en favor, tanto de las intereses particulares como de la patria; compromiso que pueda hacerse efectivo de conformidad con nuestras leyes, es que nos apresuramos á suministrar á Ud. los datos anteriormente expuestos, por creerlos dignos de tomarse en consideración por el Congreso, precisamente ahora que se ha reunido con este objeto. Más todavía: el representante actual del *Trust Bananero* en Puerto Cortés, Mr. Walts, con insolencia acaba de ordenar al Superintendente del ferrocarril la destitución del
jefe de estación, Mr. Smith, sólo porque no ha obedecido las
órdenes que él ha dictado á nombre de su empresa. El individuo fué destituido y satisfechos los deseos del empresario. Esto sin
estar aún en posesión de la línea férrea, ¿qué será después? Como empleados del Gobierno creemos cumplir así nuestro deber.—S. S. —Pilar M. Martínez. —Coronado Chávez. —Jacinto A. Meza.—J. Antonio Torres.—J. M. Aguiluz.

En la exposición de hechos que venimos haciendo, habíamos expuesto, por último, que el 7 de mayo de 1902 no había aprobado el Congreso sino aplazado, la prórroga de un año otorgada al Sindicado de Honduras por el Gobierno, el 7 de marzo del mismo año, lo que le fué comunicado el día siguiente, 8, al representante general del mismo Sindicado, don Adolfo Pereira, para consignar no se entendiera que el Gobierno hacía renuncia de derechos ni aceptaba se dejara de cumplir ninguna de las obligaciones del Sindicado.

También notamos la respuesta del dicho señor Pereira, su fecha 12 del mismo mes de mayo, notable verdaderamente, pues que se erigía por sí mismo intérprete de las resoluciones del Congreso Nacional, al afirmar que "el Soberano Congreso Nacional no aprobó ni desaprobó la prórroga concedida por el Poder Ejecutivo, sino simplemente la aplazó, y por consiguiente debe considerarse existente esta prórroga, hasta el 26 de mayo de 1903, salvo que durante este tiempo un Congreso desaprobara esta prórroga, pues solamente en este caso quedaría, antes de la fecha mencionada terminada la contrata existente con el Honduras Syndicate".

Agregaba que eso era "improbable, tanto por haberla concedido —la prórroga— el Poder Ejecutivo, después de habar tomado en cuenta las justas razones expuestas por el Sindicado en su petición" ya reprodujimos éstas también: que los miembros del Sindicado no habían estudiado la contrata durante los dos años que llevaba en ejecución, y que las huelgas en los Estados Unidos, con las que las industrias de aquel país corrieron por violentas crisis, afectaron á las fábricas, a las cuales el Sindicado hizo sus pedidos de materiales, que no pudieron ser cumplidos, —como por los intereses de Honduras y del Sindicado— agregando que éste se ocupaba en dar los pasos conducentes al cumplimiento de la contrata, lo cual habría de tomarse en consideración llegado el caso de caducidad".

El hecho fué, sin embargo, que aplazada la aprobación del acuerdo citado del Gobierno, de 7 de marzo de 1902, de prórroga la contrata de 1900, la dicha prórroga fué efectiva, y que durante ella no se adelantó un paso ni en la reconstrucción del ferrocarril nacional ni en la construcción de la línea interoceánica, y menos en la de los puentes sobre el Ulúa y el Chamelecón, reparación más
bien la de este último.

Y así llegó el mes de mayo de 1903, en el 26 del cual terminaba la prórroga. Era presidente de la República el señor Gral, don Manuel Bonilla y ministro de Fomento el Sr. Lic. don Alberto Membreño.

El Gobierno, en uso de su derecho, y en cumplimiento de un deber patriótico y de buena administración, se había propuesto reivindicar para el Estado el ferrocarril nacional, en el caso de que no se celebrara una contrata formal, que diera garantías efectivas de realización, y que al mismo tiempo fuera beneficiosa para el país.

Con tal propósito se entablaron negociaciones al efecto con el representante del Sindicado; pero bien pronto pudo convencerse hasta el más optimista de que sólo se trataba de ganar tiempo; sistema ya viejo y que para el país no ha tenido otras consecuencias que las de haberse arruinado por completo la sección construida de la vía férrea, y haber visto mermados sus ingresos, puesto que si es aceptable un arrendamiento del ferrocarril á bajo precio, es únicamente en el concepto de compensar la diferencia entre ese bajo precio y el rendimiento de la empresa, con las obras de reconstrucción que se ejecuten, con el nuevo material rodante que se adquiera, y con los trabajos que se realicen para la prolongación de la línea. Sin nada de esto, llegaría a ser hasta criminal despojar al Estado de sus rentas y también de sus propiedades, por la situación ruinosa en que éstas se encuentran.

Se adquirió, pues, el convencimiento de que, bajo todos conceptos, era preciso entrar de nuevo en posesión del ferrocarril, por deber ineludible, y hasta como para acicate del Sindicado si reamente éste se disponía a entrar de lleno en el negocio, duda por la cual se habían tenido con él tolerancias y condescendencias en épocas anteriores, siempre con la mira de no entorpecer el camino á la realización de obra de tanta trascendencia, y por la que anhela hace más de medio siglo el patriotismo hondureño.

Con tal fin se le hicieron las indicaciones del caso al representante del Sindicado, señor Pereira, y éste, por su parte, entabló activa correspondencia telegráfica con sus poderdantes. El 24 de mayo recibió el señor presidente, general Bonilla, un despacho por el cable, procedente de Nueva York, del señor Depew, vicepresidente de la directiva del Sindicado, en el que pedía al Gobierno suspendiera toda acción hasta que pudieran llegar nuevos representantes de aquél, los que someterían propuestas favorables á ambas partes contratantes.

El general Bonilla, en quien es reconocida como característica la firmeza de resolución, no creyó conveniente a los intereses del país ni tampoco al prestigio de su Gobierno, que apenas comenzaba, ceder en el acuerdo adoptado, en lo fundamental o sea en la toma de posesión del ferrocarril por el Estado; pero sí en lo accesorio, para que el mismo acto trascendental que se había de realizar, asumiera un carácter conciliatorio hasta donde era posible.

Al efecto contestó, en la misma fecha, en los términos que siguen:

"Tegucigalpa, mayo 24 de 1903. —Depew.—Nueva York.— Indispensable tomar posesión ferrocarril conciliando intereses. Espéranse propuestas. Consérvanse mismos empleados durante treinta días.—Bonilla".

No queremos comentar, porque no lo necesita, bastando con el mismo texto para que se juzgue de lo que significa, el siguiente telegrama por el cable, recibido del mimo señor Chauncey M. Depew, por el señor Pereira, y que éste presentó al presidente, general don Manuel Bonilla. Decía así:

"Nueva York, mayo 25 de 1903.—Pereira.—Tegucigalpa.—

Instruir Hardy.— Sindicado espera que él y todos los empleados retengan posesión bajo las órdenes del Gobierno hasta llegada del Represensante".

Fué ésta la última palabra del Honduras Syndicate en el asunto ferrocarril, con relación al Gobierno. Sus gestiones desde entonces no fueron en Honduras ni para una nueva contrata.

El representante del Sindicado, señor Pereira, de la manera más espontánea, ofreció el mismo día 26 dar la orden para la entrega del ferrocarril, la que redactó en estos términos, fué remitida por telégrafo.

"Tegucigalpa, mayo 26 de 1903.—Señor Superintendente del ferrocarril—Puerto Cortés—Está entendida la entrega al Gobierno del ferrocarril y todas sus pertenencias mañana temprano. Desde esa fecha funcionará el ferrocarril por cuenta del Gobierno, a las órdenes del Comandante Quirós y con los mismos empleados y reglamentos hasta nueva orden del mismo Gobierno. Entiéndase Ud. con el Comandante Quirós para todos los detalles del caso.
—Adolph Pereira.".

Con efecto, en la mañana del 27 se verificó la entrega, por inventario, del ferrocarril, volviendo por un acto de energía y de rectitud patriótica del general Bonilla, a poder del Estado, en el que permaneció hasta julio de 1908.

Continuaremos en el número inmediato, haciendo antes una pequeña digresión necesaria.

## Digresión necesaria. Lo que produce el Ferrocarril

*Miércoles, 30 de agosto de 1911.*

Anunciábamos al terminar ayer nuestra tarea que deberíamos hacer una digresión antes de continuar. Se refiere a los primeros pasos dados por el Gobierno en la administración del ferrocarril, y al producto obtenido en ella durante los dos primeros meses. Importan estos datos mucho para las deducciones que habremos de hacer después, respecto a lo que tal administración debe haber significado para el señor Valentine. Excusado es decir que los datos que vamos á exponer son oficiales, tomados de la Memoria de Fomento, presentada al Congreso en sus sesiones de 1904, y de los anexos que acompañan á la misma Memoria.

Como dijimos, el 27 de mayo de 1903 recibió el Gobierno el ferrocarril y sus dependencias, representándolo el general don Jess Quirós en aquel acto, que realizó bajo inventario. Los fundamentos que sirvieron al Gobierno para su resolución fueron: que se había dejado de cumplir con la reconstrucción de la vía existente y con la construcción del puente sobre el río Ulúa, así como con la reconstrucción del puente sobre el Chamelecón, por lo cual la rescisión de la contrata se efectuaba de hecho y sin necesidad de declaración arbitral, conforme á la misma.

El dos de junio siguiente fué nombrado superintendente del ferrocarril, por el Gobierno, el antiguo ministro, general don Carlos F. Alvarado, quien tomó posesión de su cargo el 10 del mismo mes.

"Encontró el ferrocarril en un estado lamentable. De 211 puentes que existen en el trayecto de Puerto Cortés á La Pimienta, sólo el de Chamelecón, que es nuevo y de hierro, estaba bueno: de cerca de 200.000 durmientes sobre que están montados los rieles, apenas un 15% se hallaría en estado de regular conservación: los rieles de las curvas, en que abunda el trayecto, estaban tan gastados por el uso de más de treinta años, que no soportaban el peso de los trenes y se rompían con frecuencia, causando descarrilamientos: todo el trayecto desnivelado, y en algunos puntos tan hundido, que en la estación lluviosa se anegaba e impedía el tránsito de los trenes, y los talleres faltos de materiales y de la herramienta necesaria".

Fué preciso, inmediatamente, pedir á los Estados Unidos los materiales y demás artículos indispensables, y emprender los trabajos de reparación con la mayor actividad.

Para que se juzgue con datos suficientes de las cifras que después hemos de exponer, haremos constar en qué consistieron esos trabajos durante los dos primeros meses de la administración del ferrocarril por el Gobierno.

"Se colocaron en la vía 7.730 durmientes nuevos, se construyó un puente y se compusieron diez entre los más malos, se desyerbaron 31 millas y media, se nivelaron 23, se rozó el trayecto en la extensión de

14 millas, a uno y otro lado, se extrajeron de las márgenes del Choloma 21 toneladas de rieles, que hacía años estaban aterrados, utilizándose 44 de ellos para cambiar otros tantos arruinados, se repararon las locomotoras números 1, 2, 8,5, 6 y 7 y se emprendió la completa reconstrucción de la número 4, se construyó un carro para carga y se refaccionaron 3".

Los ingresos sumaron durante el mes de junio, $ 43.959,08 y en julio $ 39.848,14; en total, durante los dos meses, $ 83.807, 22. Los gastos ascendieron en el mes de junio á $ 31.969,07 y en julio a $ 31.280, 40; en total $63.249.47.

No obstante los grandes gastos ocasionados por las construcciones y reparaciones realizadas en los dos meses citados, hubo en ellos un saldo a favor del Gobierno, de $20. 557. 75.

El Sindicado se comprometió a pagar y pagaba al año 15.000 dólares como arrendamiento, cantidad que al 150% de prima representa $37.500 de moneda hondureña de plata.

El saldo a favor del Gobierno representó, pues, el 54 81 por ciento, durante dos meses sólo, de la suma total á pagar en el año. Es decir, que en éste hubiera sido el 328,86 por ciento o $ 123.346.50 plata, de los que rebajado el pago anual, suponiendo que hubiera debido hacerse, habría quedado un saldo líquido en el año, de $85.822.50, que habría constituido la utilidad verdadera del negocio, satisfechos todos los gastos ordinarios de la explotación, más los extraordinarios de reconstrucción y demás, a que nunca atendió el Sindicado.

Nos hemos detenido en este punto, para que quede sentado de una manera clara y terminante, si el negocio era o no verdaderamente pingüe, si las tales contratas celebradas y no cumplidas han inferido o no un daño real y positivo al país y que, como se trata de años, tal pérdida podría valorarse con toda aproximación en una suma muy considerable.

Creemos no fue aventurado llamar a esta digresión, como lo hicimos, digresión necesaria. Continuaremos con nuestro tema, en el próximo número.

# Alrededor del ferrocarril. Comienza la contrata de 1908

*Jueves, 31 de agosto de 1911.*

Sería ésta la ocasión para entrar de lleno en el estudio de lo que fué la reclamación intentada por el *Sindicado de Honduras*, nada menos que por la suma de 1.056.393 dólares, terminada desde 1904, y que por los antecedentes expuestos en los números anteriores, cualquiera, hasta de los que con más simpatías pudieran mirar a aquella Compañía, habría de considerarla enteramente injusta y sin fundamento; pero queremos antes seguir con la reseña de todo el negocio realizado por el señor Valentine o sea de las contratas en que directa o indirectamente ha tenido algún interés.

Recibido el ferrocarril por el Gobierno en mayo de 1903, como hemos dicho, con el telegrama al señor Hardy, copiado en números anteriores, dijo el Sindicado su última palabra al Gobierno. No así el señor Valentine, que emprendió lo que podríamos llamar trabajo de ronda o sitio, para volver a entrar en negocios sobre el ferrocarril; pero durante toda la administración del general don Manuel Bonilla esos trabajos resultaron inútiles. Podríamos exponer á este propósito algunos detalles por demás significativos; pero no pudiendo apoyarlos en documentos fehacientes, preferimos dejarlos en el tintero.

Llegaron al fin los días de la revolución de 1907, y aparece entonces el señor Valentine en una misión que no hemos podido definir respecto a su origen, ni queremos tampoco hacerlo por hoy. Vino á Honduras, fué á Nicaragua y volvió á Honduras, y puso sus miras en el arriendo del ferrocarril; que sin embargo no pudo entonces realizar. Terminó en cambio una nueva contrata respecto del muelle de Puerto Cortés, de la que hablaremos en su lugar respectivo, y abandonó el campo personalmente; pero no sin dejar quien lo representara, pues al efecto había organizado la agencia de la Compañía del Rosario, en forma que respondiera a sus fines, sin perjuicio de encomendar á un representante especial la gestión de sus negocios, para cuando fuera la sazón.

Llegó ésta durante el movimiento insurreccional de julio de 1908, que el terreno estaba preparado, *Gutta cavat lapidem non bis sed saepe cadendo* (Una gota ahueca una piedra al caer no dos veces sino a menudo), esta locución latina se cumplió enteramente.

Planteada, como decíamos, la pretensión de un nuevo arriendo del ferrocarril desde el año anterior, se aprovechaba toda ocasión, cada nueva dificultad económica del Gobierno, frecuentes, más que frecuentes, continuas, para insistir en que el arriendo de la vía férrea podría salvarla; y ésto se repetía a título de propuesta unas veces, de consejo amistoso, siempre; como cae la gota de agua horadando la piedra, si cae, no dos veces, sino continuamente. Y al fin la piedra de la resolución de aquel gobierno, que no debía ser muy dura, se agujereó, y el contrato se hizo, para obtener por él los fondos que se necesitaban con toda urgencia para los gastos de la guerra.

El 16 de julio del dicho año de 1808 se firmó tal contrata y tan era el momento psicológico, digámoslo así, para ella, que debiendo empezar su ejecución cuando el Congreso le diera su sanción legal, un nuevo convenio, que se llamó adicional, de la misma fecha, 16 de julio, la puso en vigor desde luego.

Ha circulado precisamente en estos días, bajo la forma de folleto, y con el título de "Contratas Valentine, Ferrocarril á la Pimienta y Muelle de Puerto Cortés" un estudio sobre las últimas contratas celebradas para el arriendo del ferrocarril al señor Washington S. Valentine, folleto en el cual se insertan, como apéndices las dichas contratas. Vamos á extractar las dos a que acabamos de hacer referencia,

Por la contrata de arrendamiento, firmada por don Francisco A. Rodríguez, oficial mayor del Ministerio de Fomento y Obras Públicas, en representación del Gobierno, y el señor Isa Willard Hein, como apoderado del señor Washington S. Valentine, el Go- bierno dió a éste en arrendamiento el ferrocarril, por el término de doce años, prorrogables por mutuo consentimiento, y sin necesidad de nueva aprobación del Congreso; de seis en seis años, sin poder pasar de un total de treinta, "sin perjuicio de las propuestas pendientes y de las que en lo sucesivo se presenten para la continuación del ferrocarril al interior ó la construcción del interoceánico".

El Contratista se obligó a reconstruir, dentro de los tres años siguientes la aprobación de la contrata, la línea del ferrocarril desde Puerto Cortés á La Pimienta, obra que debía empezarse dentro de los tres meses siguientes á la aprobación de la contrata.

Se obligó también a construir ramales, por los terrenos vecinos en que se cultivan o pudieran cultivarse bananos en cantidad suficiente para garantir el tráfico, debiendo no bajar de veinticinco millas la suma de los ramales construidos dentro de los primeros seis años.

Se comprometió a la vez a mantener la línea en buen estado para el tráfico, á construir el material rodante que se hubiera arruinado, y á proveerlo en el número y de la calidad que fuera conveniente.

Valentine se comprometió á pagar al Gobierno como arrendamiento del ferrocarril, por los primeros cuatro años, "además de reconstruir la línea existente y de construir los ramales en la proporción que correspondiera" la suma de cien mil pesos plata o sea a razón de veinticinco mil pesos por cada año, aumentando á ciento veinte mil en los cuatro años siguientes o treinta mil pesos cada año.

Durante los cuatro años inmediatos, ciento sesenta mil pesos o cuarenta mil pesos al año, además de tener la línea en buen estado.

Para la prórroga de más de los doce año: de la contrata, era preciso que el contratista, durante ellos, hubiera cumplido sus obligaciones. En este caso, además de tener la línea en buen estado, pagaría por los primeros seis años de la prórroga doscientos sesenta mil pesos plata o sea á razón de cuarenta y cinco mil pesos por cada año. Por la segunda prórroga de seis años pagaría trescientos mil pesos plata o sea cincuenta mil pesos por cada año, y por la última prórroga, también de seis años, pagaría la suma de trescientos treinta mil pesos plata, o sea á razón de cincuenta y cinco mil pesos plata por cada año.

Continuaremos en el próximo número.

## Sigue la contrata de 1908. El convenio Adicional

*Viernes. 17 de septiembre de 1911.*

Seguimos con la contrata última del señor Valentine.

El Gobierno concedió al contratista el libre y exclusivo uso de cien pies de terreno nacional libre á cada lado de la vía y sus ramales, en todo su largo. Además quinientas hectáreas de terrenos nacionales baldíos por cada kilómetro de línea férrea nueva construida por él, las cuales elegiría el contratista y mediría á su costa, en lotes alternados con otros iguales para el Gobierno. En caso de expropiación, el contratista indemnizaría á los propietarios del valor del terreno y de las mejoras, edificios, etc., que en él existieran.

Se le concedieron las maderas y los demás materiales de construcción necesarios, y la importación libre de toda clase de derechos, de las máquinas, carros, rieles y herramientas, y en general, todos los materiales y artículos necesarios para construir, proveer, mantener, administrar y explotar el ferrocarril, con todas sus dependencias y ramales.

La reconstrucción del ferrocarril y la construcción de sus ra- males fue declarada obra de utilidad pública, por lo que el contra- trista gozaría de todos los derechos concedidos por la ley á empre- sas de esta clase.

Podía construir líneas telegráficas y telefónicas para el uso exclusivo del ferrocarril, y usaría la existente entre Puerto Cortés y La Pimienta y en toda la República, para los fines del ferrocarril.

Se le concedió el uso de cualquier fuerza hidráulica que se encontrara inmediata á la línea, en terrenos nacionales y municipales, para el desarrollo de fuerza motriz, utilizable en el ferrocarril o en sus dependencias.

También las exenciones tradicionales para los empleados hondureños de la empresa. Se le otorgaron las demás franquicias acostumbradas, estableciéndose a la vez, las de que el Gobierno debiera gozar en la explotación de la línea.

Se autorizó al contratista para, en todo ó en parte traspasar todos los derechos otorgados, a cualquier persona, asociación o compañía, excepto a los Gobiernos o Corporaciones de derecho público de estados extranjeros.

Se hizo constar que el contrato no impediría al Gobierno, otorgar en cualquier época una o varias concesiones para la construcción del ferrocarril ó para el arreglo de la deuda del ferrocarril o para ambas cosas a la vez, para lo cual el contratista sería avisado con noventa días de anticipación, al vencimiento de los cuales debería entregar la vía, con todas sus mejoras, dependencias, etc., previo pago de las mejoras verificadas y materiales puestos al servicio del ferrocarril, el valor de los cuales se fijaría por arbitradores nombrados uno por cada parte.

Se declaró que el contrato caducaría y la caducidad sería declarada por el Ejecutivo, por falta de cumplimiento por parte del contratista, de las siguientes obligaciones.

Si no empezaba el contratista la reconstrucción de la línea dentro de los primeros tres meses, contados desde la aprobación del contrato por el Congreso. Si no pagaba el arrendamiento en los plazos fijados, y si no cumplía las obligaciones contraídas respecto a la reconstrucción de la línea existente y a la construcción de los ramales especificados, durante el término estipulado.

Pero declarada la caducidad, el contratista quedaba dueño de las obras construidas por él, que debería vender al Gobierno a un precio convenido o determinado por arbitradores.

Las obras de reconstrucción quedaban desde luego a beneficio del Gobierno.

Como garantía del contrato se comprometió el contratista á pagar, al ser aprobado aquél, los cien mil pesos fijados como precio del arrendamiento del ferrocarril, por los primeros cuatro años.

Se estableció que en ningún caso podría el contratista recurrir á la vía diplomática, para reclamar algo relacionado con el contrato o que de él se originara, fijándose el arbitramento como medio de resolver toda diferencia o desacuerdo que pudiera sobrevenir.

Se consignó la devolución al Gobierno del ferrocarril con sus dependencias, almacenes, material rodante, etc., al vencer el término del contrato, sin que el Gobierno tuviera que hacer indemnización alguna; pero el contratista quedaría dueño de las obras nuevas que construyera, con la condición de venderlas al Gobierno a un precio convenido o fijado por árbitros.

Caso de otorgar el Gobierno la concesión del ferrocarril interoceánico o de que declarase la caducidad del contrato antes de los primeros cuatro años, se obligaba a devolver al contratista la parte proporcional de los cien mil pesos recibidos.

Decíamos que los apremios de las dificultades económicas en que se encontraba el Gobierno de 1908, fueron los que facilitaron el camino a este contrato, con tesón perseguido por los agentes del señor

Valentine, quienes se aprovecharon del momento oportuno y de la necesidad creada por la guerra para realizarlo. Esto es público y notorio y no necesita de confirmación ni de pruebas.

Pero si de alguna hubiéramos menester para demostrar la exactitud de lo expuesto, no habría que buscarla mucho ni muy lejos. Se encontraría en el Convento adicional al de arriendo del ferrocarril, de la misma fechas en que se firmó el contrato principal, 16 de julio de 1908. También este contrato fue celebrado entre las mismas personas y representaciones que el mencionado.

Se consignó en él que el contratista pagaba al Gobierno en aquella fecha, la suma de setenta y cinco mil pesos plata por cuenta de los cien mil á que se refería la contrata principal, y se obliga a pagar los rente y veinte y cinco mil pesos restantes el quince de septiembre del mismo año.

En cambio, el Gobierno se obligaba a entregar al contratista el Ferrocarril nacional desde luego, debiendo, en consecuencia **tenerse como fecha del comienzo del arriendo del ferrocarril, la en que lo reciba el contratista.**

Se estipuló que en caso de que el Congreso Nacional no aprobara el referido contrato relativo al arriendo del ferrocarril, el Gobierno devolvería al contratista las cantidades que de éste hubiera recibido a cuenta del precio del arriendo, con la deducción correspondiente al tiempo en que lo hubiera tenido en su poder, y el contratista entregaría al Gobierno el ferrocarril al recibir dichas cantidades.

Con efecto, los representantes del señor Valentine entregaron al Gobierno los setenta y cinco mil pesos estipulados primero, y en el plazo, los veinte y cinco mil restantes. Por qué se hizo el pago de los cien mil pesos así, y no de una sola vez, no nos es desconocido: dichos fondos no pertenecían, los primeros, al señor Valentine y no había más por el momento: pero sobre esto no queremos extendernos a pesar de conocer a fondo el negocio, por lo que ya hemos dicho antes de ahora: no podríamos presentar pruebas fehacientes de lo que dijéramos y no queremos decir nada que no esté o pueda estar probado materialmente. Sin embargo, lo que no hemos hecho sino indicar, es perfectamente sabido de muchas gentes, de dentro y fuera de Honduras,

En el número del lunes entraremos a tratar las contratas del muelle, pues hemos terminado ya con las relativas al ferrocarril. Larga y penosa es la tarea que nos hemos impuesto en servicio del país; pero vamos venciéndola, como lo permiten las estrecheces del espacio de que disponemos.

## El muelle de Puerto Cortés. Contrata de 1893.

*Lunes, 4 de septiembre de 1911.*

Vamos a entrar en la segunda parte de las contratas Valentine, y aunque dijo alguien, escritor insigne por cierto, que "nunca segundas partes fueron buenas", con ésta no reza la cosa, por lo menos para el contratista. Nos referimos a los convenios celebrados para la construcción y explotación de un muelle en Puerto Cortés.

El once de septiembre de mil ochocientos noventa y tres, se presentó el señor; Washington S. Valentine al Poder Ejecutivo de la República, en solicitud de que se le concediera el derecho de construir, dentro de tres meses contados desde la fecha "del acuerdo de concesión, un muelle de hierro y madera creosotada, de 225 a 250 pies de largo y que alcanzaría una profundidad de agua de veinte y cuatro pies, con rieles para que los trenes del ferrocarril pudieran llegar hasta los vapores, y un ramal para llevar las mercaderías a la Aduana.

La concesión se solicitó por doce años, prorrogables, que se contarían también desde la fecha del acuerdo de concesión. Al día siguiente, doce del mismo mes y año, septiembre de 1893, se expidió por la Secretaría de Estado en el Despacho de Fomento un acuerdo, que con la misma fecha fué comunicado al señor Valentine, en el que "considerando que el muelle de que se trata es de gran utilidad para la Costa Norte", por lo que era conveniente otorgar la concesión pedida, se procedió a la solicitud del repetido señor Valentine, bajo las condiciones siguientes.

Se le concedió el derecho de construir el expresado muelle de hierro y madera creosotada, de doscientos veinticinco a doscientos cincuenta pies de longitud y alcanzando una profundidad de agua de veinticuatro pies. Habría de tener en su extremidad la forma de una T y daría anchura suficiente para que atracara a su costado un vapor de dos mil toneladas, debiendo tener á las distancias convenientes un juego de pilastras á cada lado para amarrar los cables de popa a proa.

El muelle tendría rieles para que los trenes del ferrocarril pudieran llegar hasta los vapores y un ramal de línea férrea para conducir las mercaderías a la aduana.

El embarque y desembarque de todo lo que se importara o exportara en el puerto, debería hacerse precisamente por el muelle. Se cobraría un derecho de muelle que no excedería de veinte centavos por quintal de mercadería exportada o importada y de cuatro centavos por cada racimo de bananos. En cuanto a las personas, cobraría el empresario cincuenta centavos por cada una que se embarcara o desembarcara y veinticinco centavos por quintal en los bultos de equipaje.

La mitad de todas las utilidades del muelle pertenecería á la Hacienda Pública y la otra mitad al empresario, liquidándose la cuenta mensualmente, la que podría inspeccionar el Gobierno por medio de sus empleados.

El Gobierno tenía derecho de usar del muelle libremente para el embarque y desembarque de las mercaderías pertenecientes al Estado.

El mismo derecho tendría la empresa del ferrocarril interoceánico respecto de todos sus materiales destinados á la prolongación y mantenimiento de la línea férrea.

Se concedía al empresario la libre introducción de los materiales que importara para construir y mantener el muelle y los agentes del empresario estarían exento: del servicio militar y de cargos concejiles.

La concesión duraría doce años, prorrogables, contados desde la fecha del acuerdo; terminaría, pues, el 12 de septiembre de 1903. Pasado este término, el Gobierno podría tomar el muelle, pagando su valor a justa tasación de peritos o dejaría al empresario en libertad de disponer de las obras a su arbitrio.

El Gobierno dejaría de cobrar el impuesto de diez centavos por quintal de mercaderías que cobraba como derecho de muelle antes de la concesión y, por último, reconoció al empresario el derecho de traspasar la concesión a otra persona o compañía, sin otra limitación que la de dar cuenta del traspaso.

Desde luego pueden apreciarse a primera vista las ventajas y desventajas que ofreció esta concesión desde su principio; pero creemos llamar la atención sobre lo que representaba y representa. Aunque no se consigna de una manera clara, resulta que los gastos del muelle serían pagados de sus propios rendimientos, pues se dice en la concesión que la mitad de las utilidades del muelle pertenecería a cada una de las partes contratantes, y como por otra parte se convino en que vencido el plazo de la concesión para tomar el Gobierno el muelle por su cuenta habría de pagar su valor, y de otro modo el concesionario dispondría de las obras a su arbitrio, resulta que en fin de cuentas lo que significó y fué la tal concesión del muelle, no fué otra cosa que un anticipo del valor de la construcción, por el que se pagaría: $1^0$ el importe del impuesto de diez centavos por quintal de mercaderías que recibía el Gobierno y que dejaba de cobrar para que el empresario cobrara sus derechos; $2^0$, la mitad de la utilidad del muelle durante todo el tiempo de la concesión, ya que terminada ésta para adquirir el muelle del Gobierno, no bastaba haber cedido mitad de la utilidad de la explotación realizada, sino que debería pagar el valor de la obra por entero. El negocio, pues, no podía ser más oneroso para los intereses del país.

Se otorgó la concesión, fundándose en la gran utilidad de muelle, y resultaba que el tal muelle dejaría de existir o no sabemos qué sería de él, pues en ese punto no encontramos claro el acuerdo de concesión, en el caso en que el Gobierno no comprara el muelle al terminar aquélla.

Como hicimos notar al ocuparnos en las contratas sobre el ferrocarril respecto á la oportunidad en que se sucedieron unas otras, debemos llamar la atención sobre el mismo hecho con relación al muelle de Puerto Cortés.

En el año inmediato al de la concesión en que acabamos de ocuparnos, se presentó el señor Valentine al Gobierno, exponiendo que había construido en la bahía de Honduras, y en el lugar más favorable de Puerto Cortés, un muelle de primera clase, que tiene la amplitud necesaria y es enteramente a propósito para el manejo económico del negocio comercial, tanto como del agrícola. En la punta del muelle la profundidad es bastante a que atraquen tanto grandes vapores como pequeños veleros.

Tiene también rieles colocados para que los trenes puedan llegar á embarcar y desembarcar al costado de los buques. Aseguraba, además, el señor Valentine, que el Fisco había ganado enormemente por haber hecho que el embarque y desembarque se haga exclusivamente por el muelle, evitando así el contrabando que favorecen estas operaciones hechas por cualquier parte.

También exponía que las condiciones en que se le había concedido el muelle eran poco ventajosas para él, pues la parte que le quedaba no le dejaría ganancia en proporción a la gran suma in- vertida en la obra. Por lo cual pidió se modificara la concesión de tal manera, que quedara vigente la Tarifa establecida, pero que la cláusula última del artículo $4^0$ de la concesión, quedara derogada, imponiéndosele en cambio la obligación de construir sobre el muelle una casa para la Aduana, la que daría lugar amplio para las transacciones de la dicha Aduana.

Continuaremos mañana.

## Llueven propuestas. La de 1894. Rendimientos del muelle. Propuesta para un faro.

*Martes, 5 de septiembre de 1911.*

La cláusula última del artículo $4^0$ de la contrata del muelle que en la solicitud que extractamos en nuestro número último pretendía el señor Valentine que se derogara, era sencillamente en lo que se decía, expresamente, que la mitad de todas las utilidades del muelle pertenecerían á la Hacienda Pública. Derogada esa cláusula, por las condiciones poco ventajosas para el concesionario que se fijaron en el acuerdo, y manteniéndose la de la compra del
muelle, por todo su valor, terminado que fuera el plazo de la concesión, para que viniera á poder del Gobierno, las ventajas que reportaría éste y por consiguiente el país, no se nos alcanzan, como

no fuera pagar un interés crecidísimo por un anticipo, el del valor del muelle, en la forma que ayer expusimos.

La propuesta en cuestión no fué considerada, y muy pronto apareció otra, tan pronto como que fué en el mismo año.

Corre impresa en el número 1.083 de *La Gaceta,* diario oficial de la República, número que corresponde al 27 de septiembre de 1894.

En ella el señor Valentine comienza manifestando lo mismo que en su anterior solicitud, no formalizada: que había construido en el lugar más favorable de Puerto Cortés un muelle de primera clase, esto sólo lo dice el señor Valentine; con todo lo demás ya extractado, inclusive lo ganado por el Fisco con la construcción de dicho muelle, y agregando que también había ganado el comercio "porque antes la avería por medio de las lanchas era muy fuerte".

A renglón seguido, y como si se tratara de una empresa nueva, propone las condiciones en que debería otorgarse la nueva concesión. El porqué de ese procedimiento se percibe bien desde luego. Sin una comparación directa de la concesión anterior con ésta que se pretendía, como en ella no se hablaba de derogación, como en la solicitud ayer mencionada, de derechos adquiridos por el gobierno que representaban ingresos para el Erario, podría pasar de *matute* la supresión, mucho más reemplazados sólo más modestos; pero en realidad enteramente ilusorios.

Por lo pronto la concesión del muelle resultaba de hecho prorrogada por un año más, con la nueva solicitud. Las condiciones que proponía el señor Valentine para el nuevo contrato eran:

Que la punta del muelle debía tener lo menos veinte y cuatro pies de agua.

Se imponía al concesionario la obligación de mantener el muelle en buen estado y con rieles para que llegasen los trenes del ferrocarril á las embarcaciones.

El impuesto de muelle se fijaba en una suma que no excedería de veinte centavos por quintal de mercaderías, fuesen importadas o exportadas y de cuatro centavos por cada racimo de guineos. En cuanto a las personas cobraría el empresario cincuenta centavos por cada uno que embarcara o desembarcara, y veinte y cinco centavos quintal "por cada bulto de equipaje".

El Gobierno debía disponer que todos los objetos que se embarcaran o desembarcaran, lo mismo que los pasajeros, lo hicieran por el muelle.

El Gobierno conservaba el derecho de embarcar y desembarcar libremente por el muelle las mercaderías pertenecientes al Estado.

El mismo derecho se reservaba á la empresa del ferrocarril para el desembarco por el muelle de todos los materiales destinados á la prolongación y mantenimiento de la línea férrea.

Se permitiría la libre introducción de todos los materiales que se importasen para la construcción y mantenimiento del muelle, y los agentes del empresario estarían exentos del servicio militar y de cargos concejiles.

La empresa no sería objeto de ninguna clase de impuestos, fiscales ó municipales.

La contrata duraría doce años, prorrogables, contados desde su fecha. Pasado ese término, el Gobierno podría tomar el muelle, pagando su valor á justa tasación de peritos o dejaría al empresario en libertad para usarlo. O lo que es lo mismo: la concesión era perpetua, doce años con las obligaciones señaladas en la concesión; pasado ese término, no tendría el concesionario obligación alguna.

El señor Valentine pagaría al Gobierno diez por ciento, en vez de 50 por ciento, antes pactado, de los productos netos del muelle, lo que se liquidaría mensualmente, y el Gobierno podría inspeccionar, por medio de sus empleados, la cuenta de los impuestos cobrados.

Se comprometía, por último, el concesionario, a construir contiguo al muelle una casa para Aduana, amplia y durable, que no bajara de treinta varas de largo por quince de ancho. Sería hecha de madera con techo de láminas de zinc: con puerta de entrada sobre el muelle y de salida al costado del ferrocarril. Una vez concluida y entregada al Gobierno, podría deshacer la casa Aduana existente para aprovecharse de las maderas.

Se reconoció al empresario el derecho de traspasar la concesión á una compañía o sociedad, con autorización previa del Gobierno. En la misma Gaceta de que hemos extractado la solicitud que antecede, figura otra relativa a la construcción de un faro en Puerto Cortés, que creemos debe ser incluida en esta reseña, por su relación con las contratas principales, y por derivarse del asunto del faro, responsabilidades económicas también para el señor Valentine.

Exponía en su solicitud que en la bahía de Honduras y lugar llamado La Punta, en Puerto Cortés, hay unos lugares sumamente peligrosos para el tráfico marítimo, pues las embarcaciones entrando de alta mar confunden ese punto con la Punta de Omoa, y por lo tanto ha habido sin número de naufragios, por carecer de un faro que les indique el camino.

Ofrecía que colocado el faro, *"la Sociedad Internacional Marítima de Lloyds,* registraría el puerto de Puerto Cortés como de primera clase en los mapas marítimos del mundo", con lo cual, sin duda alguna, pensaría el señor Valentine que ya Honduras habría salido de dificultades a lo menos. En realidad, muelle de primera clase y puerto de primera clase, era cuanto se podía desear. Esto para quien creyera en tales *primerías,* obtenidas por medios tan sencillos como expeditos.

Solicitaba el señor Valentine se le concediera el derecho de poner faro, por un plazo de doce años, prorrogable, contado desde la fecha en que se estableciera y bajo las condiciones siguientes: "Obligación de poner un faro que sea de verdadera utilidad y que bastara para guiar cualquiera embarcación al entrar. No bajará de treinta pies ingleses de altura para que sea visible a seis millas náuticas de distancia y de suficiente potencia, conforme á los sistemas modernos".

Con un faro tal quería el solicitante convertir al de Cortés en puerto de *primera clase.*

Pondría una línea telefónica desde la Punta —o el faro— hasta el puerto, con una conexión también con la Comandancia del puerto, para dar aviso inmediato de la llegada de cualquier embarcación.

El faro habría de estar encendido siempre, desde las seis de la tarde a las seis de la mañana, y sería vigilado constantemente.

A toda embarcación mayor *de tres toneladas,* lanchas materialmente, se le cobraría *medio real* por tonelada, por entrada.

Los empleados de la empresa estarían libres de servicios militares y de cargos concejiles, y la empresa exenta de impuestos fiscales o municipales.

El contratista podría traspasar la concesión a otra persona o compañía, dando aviso al Gobierno.

Continuaremos mañana con los cálculos sobre ingresos que presentó también el señor Valentino, relativos al muelle.

## La aprobación de 1895. Contrata de 1896

*Miércoles, 6 de septiembre de 1911.*

Anunciamos ayer, al terminar nuestro artículo sobre las nuevas solicitudes del señor Valentine, relativas al muelle y furo de Puerto Cortés, que hoy reproduciríamos los cálculos presentados por el mismo señor, relativos al producto del muelle dicho puerto. Eran los que siguen, refiriéndose á un mes.

Calculaba 40.000 racimos de bananos, que a 4 centavos, por derecho de muelle, son... $1.600.00 centavos por cada uno.

### IMPORTACIONES

| | |
|---|---:|
| Mercaderías, 2,000 de 100 libras a 20 centavos C/U: | **400.00** |
| Pasajeros y equipajes: | **200.00** |
| Producto bruto de entradas mensuales | **$2.000.00** |
| Gastos, 40% | **880.00** |
| Producto neto | **$1.320.00** |

Bajo su firma, termina el señor Valentino sus cálculos con los siguientes párrafos y *observación* final, que nos sorprende la haya firmado, según aparece en *La Gaceta*. El original no lo hemos visto; pero hay que creer en la autenticidad de lo insertado en el periódico oficial. Dice:

"Suponiendo que á los tres años se duplicara esta ganancia, tendríamos una utilidad de $ 2.500 mensuales.

El 10% de ella sería $250 al mes o $ 3.000 al año".

Esto es en la hipótesis de aumento, pues el ingreso actual, supuesto en su cálculo por el señor Valentine, sólo arroja $ 1.320, en total, y el 10% para el Gobiarno serían únicamente $132,00 al mes, y $1.554 al año. Sigue:

"Según el anuario estadístico —de 1889—, el Gobierno ha recibido antes por muellaje, se confunde en estas contratas, muellaje, 'impuesto que se cobra aa toda embarcación que da fondo' que se dedica, á veces, á la conservación de los muelles, con impuesto de muelle, por el uso de éste-, $3.142 anuales que se consumirán en gustos.

"A Valentine corresponderían $2.500—10 por ciento = $2.250 mensuales o sea $27.000 al año.

De allí pagará intereses del capital invertido, gastará en concluir el muelle de madera que tenga doble anchura para doble vía de rieles, hará los reparos que sean necesarios para la buena conservación del muelle, pondrá bombas para impedir su destrucción por incendio y construirá un nuevo edificio para aduana.

*Observación.* —La modificación de contrata pedida por Valentine, tiene bases de justicia; pero el Gobierno puede muy bien exigirle el 10% del producto bruto en vez del neto dejándole todavía buena utilidad. El muellaje de bananos más se refiero al costo de embarcación que de *muellaje,* y aunque es de desearse que se redujera, no está gravoso a 4 centavos".

*W. S VALENTINE.*

Hemos de ver más adelante que estos cálculos están hechos muy por debajo de la realidad, por lo cual ahora seguimos consignando los hechos relativos a las contratas del muelle que nos ocupan, sobre las cuales llamamos la atención de nuestros lectores, pues, como ya hicimos notar, ocurre con ellas exactamente como con las del ferrocarril.

No tuvo mejor éxito la solicitud última extractada que la anterior, y la Asamblea Nacional Constituyente aprobó por decreto número 44, de 7 de junio de 1895, después de larga discusión y de hacer a la concesión ligeras reformas, la primera que nos referimos en números anteriores, otorgada por acuerdo de 12 de septiembre de 1893, fecha desde la cual el Congreso declaró en vigor la contrata, y desde la que se contaría su término.

Las condiciones de la concesión fueron las ya señaladas, como decíamos, con ligerísimas modificaciones, más de forma que de fondo, si se exceptúa que el impuesto de muelle por racimo de banano quedó reducido á la mitad del fijado en la concesión, o sea a dos centavos, y a veinte y cinco centavos el de cada bulto de equipaje sin expresión de peso.

Se mantuvo fija y se estableció que sería pagada al fin de cada mes, la mitad del producto líquido del muelle para la Hacienda Pública, contra lo cual, por dos veces, y por caminos distintos había solicitado el señor Valentine la derogación y la supresión.

Pero no es hombre el concesionario que ceja en un plan que se propone, y además era preciso llevar el negocio del muelle a par con el del ferrocarril. De aquí que nuevamente entablara gestiones con el Gobierno y que al fin lograra realizar una nueva contrata sobre el asunto del muelle.

El 2 de marzo de 1896 fue firmada dicha nueva contrata entre el representante del Gobierno, que lo fue don Manuel Ugarte, inspector general de Hacienda, y los señores Washington S. Valentine y George Scott, modificando la concesión otorgada por el Gobierno, ya mencionada, de 1893, aprobada, como queda dicho, por el Congreso, en 1895. Las condiciones nuevamente pactadas eran las siguientes:

Los concesionarios se obligaron á hacer por su cuenta lo que llamaron cambios o mejoras en el muelle construido, las que recalcaron eran "mejoras que benefician el servicio público en general, al comercio y muy especialmente a la agricultura, al negocio de guineos y al fisco".

Dichas mejoras consistían en "darle a dicho muelle una extensión de doscientos vente y cinco á doscientos cincuenta pies de largo hacia el frente, por veinte y cinco a treinta pies de anchura", que era precisamente la longitud señalada en la concesión de 1893 y en las solicitudes posteriores del señor Valentine. Considerar eso, pues, como un cambia o mejora, puede pasar únicamente como broma, y no de buen gusto.

Se obligaron asimismo a construir sobre el muelle una casi con bodega que sería propiedad del Gobierno, destinada para la aduana y comandancia y otra casa parecida a la anterior, en el mismo muelle, en el lado opuesto, que podía servir para estación del ferrocarril. La expresada casa sería hecha de madera, con techo de zinc, de dos pisos, y tendría encima una torre para la guardia. La casa tendría cuarenta y ocho pies de largo por veintiocho de ancho y un corredor de seis pies de ancho al lado del mar, á todo el largo de la casa.

La casa sería de madera, sólida y pintada, con puertas y vidrieras. En cuanto a la bodega, tendría setenta y cinco pies de largo por el mismo ancho de la casa, bien entablonada, con sus puertas y ventanas, y de techo de zinc.

Este edificio al estar construido, sería entregado al Gobierno por los contratistas. El valor de la obra se fijó en doce mil pesos. Los contratistas se obligaron á tener el muelle, durante el tiempo de su contrata, en buen estado de servicio, y se comprometieron a tenerlo concluido y con las mejoras referidas, abierto al servicio público, dentro de diez y ocho meses a contar del día, en que el Congreso aprobara la contrata.

El muelle tendría rieles para que los trenes pudieran llegar a los vapores, también como en la concesión de 1893. Lo mismo que en aquélla, se consignó que el Gobierno ordenaría que todo lo que se importara o exportase, así como los pasajeros que embarcaran o desembarcasen por el muelle.

En la tarifa se establecieron modificaciones. La exportación e importación estaba gravada con 20 centavos por quintal. Los guineos 4 centavos cada racimo. El ganado mayor $ 2.50 por cabeza. Ganado menor, $1.50. Pasajeros, $1.00 cada uno. Equipaje 25 centavos el quintal. Para los bultos que pesaran más de 1.000 libras o que midiesen más de ochenta pies cúbicos, se cobrarían cincuenta centavos por quintal o 5 centavos por pie, siendo a voluntad de los concesionarios cobrar por peso o por medida.

La carga y descarga sería por cuenta de los interesados. A la Hacienda Pública se le daban: dos centavos netos de los cuatro que se cobraran por cada racimo de guineos; de estos dos centavos los contratistas entregarían mensualmente sólo uno, quedando el otro centavo abonado al pago de los $ 12.000 valor de la casa aduana y bodega, pagados los cuales el Gobierno recibiría los dos centavos netos por cada racimo de guineos.

Esta cuenta podría inspeccionarla el Gobierno por medio de sus empleados. Las demás condiciones relativas al uso libre del muelle por el Estado y para el ferrocarril, al plazo de la contrata y destino del muelle después de terminada, franquicias de derechos e impuestos y demás exenciones, como también lo respectivo al traspaso de la contrata, fueron repetidas las mismas de la concesión de 12 de septiembre de 1893.

Continuaremos en el número inmediato.

## El Decreto Número 75 de 1896. Concesión para un faro

*Jueves, 7 de septiembre de 1911.*

La contrata que extractamos ayer fue aprobada por el Congreso Nacional en 24 de marzo del mismo año de 1896, en decreto número 75, sin otra modificación que la de que fuera de catorce meses y no de diez y ocho, el plazo para la terminación del muelle, con las mejoras expresadas ayer.

Respecto del faro, el 4 del mismo mes de marzo de 1896, otorgó el Gobierno una concesión al señor George L. Scott, socio del señor Valentine, y con ella el derecho de construir y mantener un faro en el lugar llamado La Punta, en jurisdicción de Puerto Cortés; fundándose para la concesión en que el establecimiento del faro traería indudablemente beneficio para el tráfico marítimo de la costa Norte de la República, porque evitaría los naufragios á que están expuestas las embarcaciones por la falta de una guía segura en la punta de Puerto Cortés.

Otro motivo fué "que al establecerse dicho faro el puerto de Cortés será registrado como de primera clase en las cartas marítimas del mundo y gozará de las ventajas consignadas"

Suponemos que quiso decirse consiguientes y no consignadas. La concesión fué por doce años, "para construir, colocar y explotar un faro en el lugar expresado".

El faro sería colocado en una torre de hierro de 30 pies de elevación, a lo menos, para que fuera visible á seis millas de distancia, y la luz habría de ser permanente y con potencia bastante para ser visible á esa distancia.

El concesionario construiría una línea telefónica desde la Punta hasta el Puerto, conexionándola con el edificio de la comandancia, para dar aviso inmediato de la llegada de cualquier embarcación.

El faro estaría encendido constantemente desde la seis de la tarde a la seis de la mañana, a costa del concesionario, quien tendría continua vigilancia sobre él.

El señor Scott tendría derecho a cobrar, conformándose a las leyes marítimas, a toda embarcación de más de diez toneladas de registro, la suma de seis y tres cuartos centavos por cada tonelada.

Hasta aquí extractamos de la concesión, por ser en lo que hay alguna diferencia, aunque pequeña, con respecto a la solicitud ya extractada en números anteriores. En lo demás de la concesión se copia a aquélla fielmente: en las exenciones para los empleados y derechos e impuestos para la empresa: término de la concesión y destino del faro después, y facultad al concesionario para traspasar sus derechos, dando aviso al Gobierno.

Como novedad notamos también el término de seis meses fijado para la conclusión é instalación del faro y línea telefónica, la exención del pago de impuesto de faro por los buques de propiedad del Gobierno o fletados por él, y la garantía que el concesionario habría de dar, de que cumpliría "todas y cada una de las obligaciones ya expresadas", consistente en un quedan a la orden del Gobierno, *firmado por Washington S. Valentine,* por la suma de quinientos pesos, pagaderos el día en que caducara la concesión por falta de cumplimiento a la disposición relativa á la conclusión é instalación del faro y de la línea telefónica en un plazo de seis meses.

Cualquiera falta a los plazos y estipulaciones de la concesión la dejarían sin valor y efecto.

Como una muestra de cómo se cumplía, tres años y meses después de su aprobación por el Congreso, la contrata para la construcción del muelle, copiamos la siguiente comunicación oficial;

*"Comandancia Principal*
*Puerto Cortés y*
*Omoa*
*República de Honduras"*

Puerto Cortés, julio 12 de 1899.

Señor Ministro de Fomento.                    Tegucigalpa

Cumple á mi deber informar a Usted sobre la manera en que se cumple la contrata del Muelle celebrada con los señores "Scott y Valentine", aprobada por decreto legislativo No. 75, fecha 24 de marzo de 1896.

Según el estado que le remito adjunto, los concesionarios han pagado al Gobierno, de conformidad con el artículo $6^0$. de la contrata, la suma de (**$23.258.13**) veinte y tres mil doscientos cincuentiocho pesos, trece centavos, desde abril del 96 hasta mayo último, por el embarque de guineos (bananos), a razón de un centavo por cada racimo, reservándose igual cantidad para el pago de los doce mil pesos, valor de la casa de aduana que están obligados a construir en el mismo muelle. Como la construcción de esta obra está paralizada hace dos años próximamente, y el edificio de la aduana aún no se ha comenzado, y el comercio aún continúa pagando diez centavos por el acarreo de cada bulto desde el muelle hasta el almacén de la aduana vieja, no considero inútil este informe para que el Gobierno disponga lo conveniente, pues dada la situación actual del Tesoro Público no dejarían de ser provechoso liquidar esta cuenta, y poder cobrar el saldo de once mil doscientos cincuentiocho pesos, trece centavos, que quedan a favor de la Hacienda pública, deducidos ya los doce mil pesos valor de la casa contratada, y continuar colectando dos centavos en vez de uno por cada racimo que se embarca.

En igual sentido me dirijo al señor Ministro de Hacienda, con el fin de obtener cumplimiento de la contrata de parte de los concesionarios.

Con toda consideración, quedo de Ud. atento y S.S.

(f) JUAN E. PAREDES".

Hasta febrero de 1900 se adeudaban al Gobierno $ 29.288,97, veinte y nueve mil doscientos ochenta y ocho pesos, noventa y siete centavos, según nota, acompañada de los cuadros respectivos, del comandante principal de Puerto Cortés, general don Federico Velarde, su fecha 28 de marzo de 1900.

Continuaremos en el número del lunes próximo.

# Algo que no puede pasar

*Lunes, 11 de septiembre de 1911.*

En el diario local El Nuevo Trempo, correspondiente al viernes último, siete del mes actual, se inserta una carta dirigida por el señor W. S. Valentine á la estimable señora viuda del ingeniero don E. Constantino Fiallos, en la que, al realizar un acto de justicia vindicando la memoria de aquel caballero, se sienta una afirmación que no podemos pasar en silencio, afirmación que el mismo señor Valentine hace en carta dirigida á otra persona de esta capital, carta que tenemos a la vista.

Afirma que la prensa hondureña ha tomado su persona, la del

señor Valentine, "COMO LLAGA SOBRE LA CUAL TODOS

TRATAN DE PONER EL DEDO" juzgándole como antipatriota.

Mal gusto y costumbre fea sería esa de poner todos el dedo en una llaga, que sea como fuere siempre tiene que ser desagradable, y en cuanto á PATRIOTISMO, tratándose de un extranjero, hasta de raza distinta a la de los hondureños, es divertidísima y por demás estrafalaria la idea de que puede ser o no calificado de patriota; de eso no se trata, ni siquiera se discute, por lo que vamos al caso.

No tenemos noticia de que la prensa hondureña se ocupe para nada ni se haya ocupado EN LA PERSONA del señor Valentine. Sí se ocupa en sus contratas y en sus actos como empresario, lo cual es cosa muy distinta, muy justa a nuestro parecer, y ésta sí que es tarea verdaderamente útil y patriótica: dar a conocer las contratas celebradas por el señor Valentine, las concesiones que ha obtenido, cómo ha cumplido con unas y ha respondido a la otras, y después la justicia de las reclamaciones que aseguran tiene planteadas contra el país.

Aun sobre esto mismo expresado, no hemos visto otra cosa que la publicación hecha recientemente en el mencionado colega El Nuevo Tiempo, de un estudio realizado sobre las contratas del ferrocarril nacional y muelle de Puerto Cortés, y nuestros artículos actuales sobre el mismo tema, de los que éste es uno de tantos, y en todos los cuales ni la PERSONA del señor Valentine es traída á cuento para nada, ni en ellos puede hallarse para él una frase, una palabra siquiera malsonante ni falta á la más trivial cortesía.

El señor Valentine adopta postura humilde y afecta papel de víctima. Ni le conviene la una ni el otro tampoco: para lo segundo faltaría el victimario.

Que le moleste se traten detalladamente los negocios que respecto a los repetidos ferrocarril y muelle ha tenido en el país, es muy natural y no podemos extrañarlo. Mas como en la revista que de ellos venimos haciendo y en las conclusiones que se seguirán nada hay al capricho ni cosa que no se funde en documento auténtico, que siempre se presenta ó siquiera la referencia de él y la de dónde puede encontrarse ningún hecho de los presentados, recordados o traídos a cuento no es sino rigorosamente exacto, y esto lo sabe bien, él mejor que nadie, el señor Valentine.

Por lo demás, por lo que á nosotros hace, procedemos sin pasión ni prejuicio alguno. No aventuramos juicios temerarios, sino que extractamos uno y otro documento, y de elles deducimos y deduciremos los hechos que se han realizado.

¿No son exactos nuestros extractos, son apócrifos, como la cartas del señor Valentine a su exyerno, según lo deja entender aquél, los documentos de que nos valemos, originales unos, en GACETAS oficiales publicados otros? Pues toca al señor Valentine demostrarlo, que un documento se contradice con otro, y no encontrar mala voluntad en lo que no hay sino un sentimiento estricto de justicia; un deseo bien justificado, desde el punto de vista hondureño, de que aquí y fuera de aquí sea conocido por todos los que sólo unos pocos sabían o recordaban.

Sepa el señor Valentine, de ahora para en lo sucesivo, que nuestras columnas están a su disposición GRATUITAMENTE, para dar cabida en ellas á cualquier rectificación, documentada por supuesto, que quiera hacer a nuestras afirmaciones, para las rectificaciones que crea pertinente y que sean de justicia, que nuestro propósito es ilustrar la opinión interior de Honduras, y ayudar a formarla en el exterior, y para ello no queremos ni necesitamos más medios ni más fuerza que la verdad y la que da la justicia de la causa a favor de la cual hemos puesto de manera decidida y bien meditada, nuestro modesto contingente.

Hora es de que la prensa, precisamente la que ha traído al aparecer a la luz pública, como este diario, una misión noble y levantada, realice la más oportuna y á la vez la más conveniente en los momentos actuales de preocupaciones y de vistas al porvenir. Formar una opinión exacta acerca de lo que puede ser lección objetiva no sólo para Honduras, sino para todos los pueblos necesitados de progreso, mediante empresas desarrolladas en su suelo por empresarios extraños.

Verdaderamente que tiene razón el señor Valentine casi por completo. No todos; pero sí nosotros HEMOS PUESTO EL DEDO EN LA LLAGA: en la abierta a este país por empresarios y concesionarios, desde hace más de medio siglo, llaga que necesitaba primero del cauterio de la verdad, y después del de las grandes y previsoras resoluciones. Felices nosotros si a estas últimas podemos contribuir de alguna manera.

# El Sindicado de Honduras interviene en el Muelle. Proyecto de contrata y declaración importante

*Martes, 12 de septiembre de 1911.*

Volvemos a ocuparnos en las contratas de que venimos tratando que, como todo en la vida, van tocando a su término. Toca el turno a un documento importantísimo que tenemos a la vista en su original y en una copia hecha en máquina. Es un proyecto de contrato presentado al Gobierno y discutido con él por el Sr. John E, Bleekman, primero, y después por el Sr. Jefferson D. Hardy, en nombre y como representantes del HONDURAS SYNDICATE; pero que no llegó a ser firmado, para la construcción en el término o términos del ferrocarril, dentro de la zona de Omoa al Chamelecón y en el golfo de Fonseca, de un muelle que tendría a lo menos una extensión de doscientos cincuenta pies de largo al frente, por veinte y cinco pies a más de ancho.

No obstante la falta de firmas que deja reducido el valor de dicho documento a un simple borrador, se ha de ver en lo que siga la justicia de por qué lo llamamos importantísimo, limitándonos por el momento a asegurarnos de su autenticidad, en lo que se basa aquel juicio nuestro. De que es auténtico no queda duda alguna. Es el original manuscrito, de letra bien conocida, y lo está en papel que tiene en todas sus hojas el siguiente membrete: "HONDURAS, RAILROAD COMPANY. —HONDURAS, C.A.— ENGINEERING DEPARTAMENT. —ART. TACKIE, CHIEF ENGINEER, PUERTO CORTÉS".

No tiene fecha; pero parece ser de 1900, cuando hizo el Sindicado su última contrata respecto al ferrocarril. Este documento pertenece y se encuentra en el Ministerio de Fomento, en el legajo número 2, sobre "privilegio de construir un muelle en Puerto Cortés," formando los folios 30 á 38 inclusive.

En este proyecto o propuesta se ofrecía construir el muelle o muelles bajo planos que serían sometidos al Gobierno para su aprobación, debiendo ser construidos según los sistemas modernos de ingeniería permitiendo que atracasen directamente a ellos los vapores de mayor calado, debiendo estar cubiertos de techo y cerrados por un lado para proteger la carga contra la intemperie.

El Sindicado debía construir sobre el muelle una casa bodega que sería propiedad del Gobierno, con suficiente capacidad para la aduana, comandancia del puerto, oficina del telégrafo, guardia y almacén. Los edificios debían ser de madera o hierro ARRUGADO. Los planos también necesitaban de la aprobación del Gobierno. El Sindicado quedaba comprometido, al exigirlo el tráfico, á extender el muelle y a aumentar los edificios de la bodega respectiva y de la aduana.

El Gobierno debía entregar gratuitamente el muelle existente en Puerto Cortés; pero con la condición de que el Sindicado debía concluirlo en el término de un año, y hacer la casa-aduana y bodega en los términos y condiciones establecidas en la contrata de 1896, aprobada por decreto número 75 del Congreso Nacional,

Se estableció la condición de tener los muelles en buen estado durante el término de la contrata, y la de estar provistos de rieles que llegarían hasta el costado de los buques.

Durante veinte y cinco años tenía el Sindicado el derecho de cobrar un impuesto de muelle, por el embarque y desembarque, en esta forma:

Las tarifas serían iguales a las ya establecidas, pudiéndose cambiar por mutuo convenio entre el Gobierno y el Sindicado. El derecho a cobrar impuesto de muelle era exclusivo para la carga y pasaje conducidos en el ferrocarril del Sindicado y en sus ramales; pero no evitaba el derecho de otros ferrocarriles a construir sus muelles para la carga y pasajeros que ellos condujeran, y para cobrar un impuesto por ese servicio.

La mitad de los derechos de muelle cobrados los recibiría el Gobierno, por lo cual tendría la facultad de tener en cada muelle un interventor, que tendría el derecho de inspeccionar las cuentas del muelle cuando lo tuviera por conveniente.

Estarían exentos de ese pago la correspondencia, la carga, empleados y tropas del Gobierno.

Como protección a las industrias del país, cuando el Gobierno acordara favorecer a alguna, el Sindicado estaría obligado a bajar a la mitad la parte de impuesto que le correspondiese, con tal que el Gobierno hiciera lo mismo por su parte.

Trascurrido el término de la contrata, el Sindicado entregaría, en buen estado de servicio y sin gravamen alguno, los dichos muelles al Gobierno; pero si éste quisiera entonces arrendarlos, el Sindicado tendría la preferencia en iguales condiciones, debiendo manifestar, en un plazo de treinta días, si hacía o no uso de ese derecho.

Estaba relacionada esta contrata del muelle con la del ferrocarril, habiendo condiciones que eran correlativas. De ellas seguiremos ocupándonos en el número inmediato.

# Sigue y termina el anterior

*Miércoles, 13 de septiembre de 1911.*

Consignábamos ayer, para terminar, la correlación que existía entre la propuesta de contrata sobre el muelle que nos ocupaba, y la del ferrocarril, y, en efecto, el artículo 13 de aquélla hacía referencia al caso en que el Sindicado dejara de tener en arrendamiento o perdiera éste respecto del ferrocarril de Puerto Cortés á la Pimienta. En este caso quedaría nulo también el derecho que daba la contrata en cuanto al muelle de Puerto Cortés, y éste volvería entonces con sus anexos, edificios, etc., al Gobierno, sin gravamen alguno, y lo mismo ocurriría con dicho muelle y los demás por falta de cumplimiento de la contrata o de la del ferrocarril, en cuanto a los muelles de los puertos en la mencionada zona á donde no llegara o perdiera sus derechos el ferrocarril.

El Sindicado tenía el derecho de escoger, en cada puerto término del ferrocarril, el punto donde deseara construir el muelle y se le daría sin costo alguno, el área absolutamente necesaria para el muelle y la casa bodega; pero el Sindicado pagaría las construcciones, mejoras y cultivos que se encontraran en dicho terreno, respetaría además los derechos adquiridos anteriormente y no podría usar terrenos á donde anteriormente se hubiera construido un muelle ó se eligiera por otro ferrocarril anticipadamente.

Se otorgaban las acostumbradas franquicias y exenciones para introducir materiales para la construcción y sostenimiento del muelle, y para los empleados de la empresa, reservándose expresamente los derechos de tercero adquiridos con anterioridad, y las obligaciones del estado anteriores á la contrata.

Se fijaron cláusulas relativas al traspaso de la empresa, adoptándose la misma de la contrata del ferrocarril; a la resolución por árbitros de toda cuestión que pudiera originarse entre el Gobierno y el Sindicado, y a la obligación de someter la contrata al Congreso Nacional.

Llega ya el momento de reproducir, y lo vamos á hacer íntegramente, el artículo o cláusula que hace al documento extractado verdaderamente importantísimo. Lo copiamos y juzgarán los lectores.

**Artículo adicional.**— Antonio S. Madariaga, como representante general de los señores W. S. Valentine y George Isham Scott, hace constar y declara en nombre de sus poderdantes que No HABIENDO ELLOS CUMPLIDO CON LA CONTRATA DEL MUELLE aprobada en 24 de marzo de 1896 por decreto legislativo número 75, DICHA CONTRATA HA CADUCADO y dejan sus poderdantes al Poder Ejecutivo en aptitud de celebrar la anterior contrata, y comprometiéndose el Gobierno á no hacer reclamo contra sus poderdantes por causa de HABER FALTADO A SUS COMPROMISOS, entrega al Gobierno de Honduras el muelle en todos sus anexos, edificios, enseres. etc., etc., sin gravamen o costo alguno y además se compromete á liquidar dentro de ocho días desde esta fecha todas las cuentas del muelle y ENTREGARÁ EL SALDO Á FAYOR DEL GOBIERNO en efectivo ó por medio de giro a la Dirección General de Rentas, una vez liquidada dicha cuenta en la que irá incluida la suma recibida por sus poderdantes en calidad de depósito a cuenta de la casa de aduana á que se refiere el artículo quinto del mencionado decreto (el Nº 75).

¿Teníamos razón en llamar importantísimo al documento extractado? Creemos que el público pensará como nosotros, que es una confesión paladina del incumplimiento de la contrata del muelle y un reconocimiento bien expreso de su caducidad, amén de ser deudores el señor Valentine y su socio señor Scott de una suma, por liquidar, que habrían de entregar al Gobierno, y en la que se incluiría la que representaba el depósito de $12.000, para la construcción de la casa aduana, que nunca se llevó a cabo.

¿Fué liquidada y entregada esa suma? Es evidente que no. Falta de formalización la contrata, nunca entró en vigor ni tuvo cumplimiento en ninguna de sus partes; no pudo tenerla por consiguiente, en la de liquidar cuentas y entrega del saldo resultante al Gobierno, que por otra parte no hemos encontrado constancia de que nunca se reclamara a los contratistas.

El hecho es que, sin cumplirse las condiciones de la contrata de 1896 por los contratistas, había caído aquélla en caducidad, no obstante lo cual tampoco fué declarada, antes bien la contrata siguió de hecho vigente, de tal manera que sin estar cumplida antes de la propuesta de contrata extractada ni tampoco después, pudo, sin embargo, negociarse una prórroga que revalidara todos los derechos de los contratistas, a trueque sí de nuevas obligaciones contraídas. O mejor dicho, renovación de las anteriores, pues al ocuparnos próximamente en la contrata de 1907, podrá verse que fue el texto de ésta, declaración clara y explícita de que la contrata de que era no más que prórroga, no había sido cumplida ni en todo; pero tampoco en parte. También se verá que más que prórroga de la contrata de 2 de marzo de 1896, fue nueva, bajo todos los aspectos, la concesión otorgada el 20 de agosto de 1907, en la que nos ocuparemos próximamente.

## Contrato de prórroga, de 1907

*Martes, 19 de septiembre de 1911.*

Reanudamos nuestra tarea después de dar a las fiestas pasadas lo que era suyo: el tiempo y el espacio de que podíamos disponer. Hemos llegado al fin al último de los contratos que hemos debido pasar como en revista, en este ya tan largo estudio sobre los negocios que han tenido por base el ferrocarril nacional y al muelle de Puerto Cortés. El contrato expresado es el de prórroga del de construcción y explotación del mencionado muelle, ya extractado en números anteriores, que debía terminar el 2 de marzo de 1908.

El 20 de agosto de 1907, expidió el Gobierno un acuerdo en el cual, con vista de un memorial presentado el 15 de julio anterior, por el señor Washington S. Valentine, por sí y en nombre de sus socios, en solicitud de que se prorrogara por otros doce años la contrata celebrada el 2 de marzo de 1896, se accedía a dicha prórroga para "la construcción y explotación del muelle de Puerto Cortés, considerando que la construcción del referido muelle ha sido beneficiosa para el país y que el señor Valentine ofrece "ahora mejorar, para el Estado, las condiciones estipuladas en la "contrata primitiva".

La contrata fue prorrogada, por doce años, a contar desde la fecha antes expresada, mediante las siguientes condiciones.

El señor Valentine se obligó a reconstruir formalmente, con maderas finas y durables, el muelle existente, y á reparar los edificios anexos, todo en el término de un año, contado desde la fecha de la prórroga, *el ya dicho 20 de agosto de 1907.*

A aumentar la extensión del muelle entonces existente y en las mismas condiciones de sólida construcción, como ochenta metros en dirección al Oeste dándole en toda la extensión una anchura aproximada de quince metros, prolongando sobre él la vía férra, con los *switchs* necesarios para el servicio simultáneo de carga y descarga de los vapores que atracasen en la extremidad del muelle.

Construiría un muelle adicional al lado opuesto a la aduana y enfrente de ésta, de 17 metros de largo por doce de ancho, a fin de que los vapores pudieran cargar ó descargar antes de recibir la fruta. Este muelle anexo tendría un corredor ó pasadizo cubierto con techo de lámina de zinc, el que sería de 7 metros de ancho, provisto de rieles al nivel del piso o suspendidos, para conducir la carga en carros, directamente á la aduana.

Debería establecer una corredera para ganado al lado oriental de este muelle anexo, para facilitar el embarque de aquél.

Construiría al lado oriental de la aduana una casa de un piso, de 15 metros de largo y de ancho igual al de aquélla, destinada a estación del ferrocarril.

La ampliación del muelle y las demás obras enumeradas, incluso la de la estación, habrían de estar terminadas en los dos años primeros de la prórroga concedida.

El concesionario se comprometió a mantener todo el muelle principal y anexos en buen estado durante todo el tiempo de la prórroga, sin perjuicio de lo cual, y para que al expirar la contrata fuera entregado el muelle al Gobierno en perfecto estado de conservación, el dicho concesionario y sus socios renunciaban desde luego a la parte de los derechos de muelle que les correspondiese en los últimos tres meses del tiempo de la contrata, para la reparación formal de la obra.

Al expirar la contrata, Valentine y sus socios debían entregar el muelle, edificios y demás construcciones anexas, al Gobierno, dejándolos á beneficio del Estado sin retribuciones de ninguna clase.

Se modificó la tarifa del muelle en estos términos: por la exportación de toda clase de productos del país, excepto guineos y maderas, se cobrarán diez centavos por quintal, en vez de veinte de la anterior tarifa. Por cabeza de ganado mayor, cincuenta centavos en vez de $ 2.50. Ganado menor, veinte y cinco centavos por cabeza, en vez de $ 1.25. Los bultos mayores de 80 pies cúbicos o que pesaran más de 10 qq pagarían treinta centavos por quintal en vez $0.50 o cuatro centavos por pie en lugar de $ 0,05, manteniéndose la facultad de cobrar a voluntad por peso ó por medida. La madera de cualquier clase embarcada en jurisdicción de la aduana de Puerto Cortés, pagaría cuatro pesos por millar de pies en vez de $ 0.20 por quintal. Las maderas de construcción importadas deberían pagar cuatro pesos el millar de pies y el carbón de piedra dos pesos la tonelada de dos mil libras.

Para el manejo del muelle habría un reglamento especial que debería ser sometido a la aprobación del Gobierno.

Se ratificó á la empresa la exención de derechos para sus materiales, herramientas, maderas y enseres necesarios para la construcción, reconstrucción, mantenimiento y manejo del muelle y sus oficinas, y la exención del servicio militar y de cargos concejiles para los empleados de la empresa. Por su parte el Gobierno se comprometió á prestar á la empresa todos los útiles, herramientas, máquinas, etc., que del ferrocarril se pudieran necesitar para la construcción, reconstrucción y mantenimiento del muelle, sin costo alguno, siendo responsable la empresa del deterioro, rotura o pérdida que pudiera ocurrir.

Se concedió el uso libre del taller del ferrocarril para las obras necesarias del muelle, pagando únicamente los sueldos de los operarios, según las horas en que los ocuparan y el valor, a principal y costo, de los materiales que se empleasen.

También el uso de los trenes necesarios para conducir los materiales para la construcción y mantenimiento de dicho muelle, pagando únicamente el sueldo de los empleados de los trenes y el valor del carbón o leña consumida en los viajes.

Se señaló como motivo de caducidad para la prórroga, que el señor Valentine y sus socios dejaran de cumplir las nuevas obligaciones contraídas, y en este caso el muelle y sus anexos pasarían a ser propiedad del Estado. Pero debían ser requeridos los concesionarios con tres meses de anticipación. Fuera de las nuevas condiciones estatuidas, en todo lo demás quedó vigente la contrata primitiva.

Continuaremos mañana.

## Reclamación de más de un millón de dólares

*Miércoles, 20 de septiembre de 1911.*

En el número correspondiente al 14 de agosto último comenzamos la serie de artículos que hemos insertado bajo el epígrafe que lleva éste con motivo de la publicación hecha en el Times Demoerat de Nueva Orleans, en su número del 15 de julio anterior, de un artículo en el que se hablaba de reclamaciones hechas por el señor Washington S. Valentine, ante el Departamento de Estado de los Estados Unidos, por negociaciones realizadas por dicho señor con el Gobierno de Honduras, sobre el ferrocarril nacional y el muelle de Puerto Cortés, reclamaciones que se hacían subir á 1.710.000 dólares y hasta 2.000.000 de la misma moneda.

Expusimos nuestra incredulidad respecto de tales reclamaciones, por las razones que consignábamos, y además por no constar nada de ellas en los centros oficiales donde tratamos de averiguar la verdad; pero sobre todo este, por creerlas perfectamente injustas y faltas de fundamento.

Sin embargo, considerando el asunto de gran importancia para el país le hemos consagrado particular atención uno y otro día. Hemos pasado como en revista la serie de las concesiones obtenidas, de las contratas celebradas y de las modificaciones sucesivas de éstas, obtenidas, celebradas y realizadas con el Gobierno por el señor Washington S. Valentine, ya directamente o por medio de apoderados y de representantes, ya para sí mismo o para compañías en las que actuaba como agente general o tomaba parte como socio.

Después de la exposición detallada y minuciosa hecha de una y otra concesión y de una y otra contrata, creemos que ha quedado bien patente una cosa: en todo, la buena acogida dispensada siempre al señor Valentine por los gobiernos de Honduras, cualesquiera que hayan sido las circunstancias y los gobernantes, para atender sus solicitudes y para contratar con él, dándole al mismo tiempo todo género de facilidades para cumplir con las obligaciopos que ha contraído.

Esto ha podido verse en la exposición que hemos venido haciendo de los hechos resultantes de los documentos extractados, en los que jamás ha podido observarse una coacción, un obstáculo, algo que haya puesto inconvenientes al desarrollo de los planes del señor Valentine y á la prosperidad de sus empresas.

Justo, muy justo, es que para sentenciar un pleito se haya de oír a las dos partes; pero en éste que tenemos entre manos no han
hablado sólo los documentos oficiales, con lo que únicamente se habría oído la voz del Gobierno de Honduras. En esos mismos documentos puede oírse, y bien clara y distintamente, la voz del contratista también, y no por cierto alegando su favor.

Cuando en 1900, el licenciado Maradiaga, apoderado de los señores Valentine y Scott, como hemos tenido ocasión de ver en números anteriores, en el del miércoles 13 del mes actual, declaraba que no habiendo cumplido sus poderdantes con la contrata aprobada el 24 de marzo de 1896, por el Congreso Nacional, sobre
la construcción y explotación del muelle de Puerto Cortés, dicha contrata ha caducado, no era el Gobierno ni ningún representante suyo quien hacía tal declaración: como no era éste tampoco el que, en mayo 26 de 1903, en concepto de representante del Honduras Syndicate, ordenaba la entrega del ferrocarril nacional, sin protesta alguna, al Gobierno, como lo hizo don Adolfo Pereira en telegrama que hemos publicado, el martes 29 de agosto anterior, con lo que quedó, perfectamente definido y reconocido el derecho de Honduras a que se le devolviera su ferrocarril, por caducidad de la contrata de arrendamiento existente entonces por falta de cumplimiento de las obligaciones construidas en la misma.

A raíz de esa entrega, y convencido el Sindicado y el señor Valentine de que ni la nueva administración establecida en dicho año de 1903, ni su jefe, el general don Manuel Bonilla, se prestaban a dejarse embaucar después de la experiencia adquirida, fué cuando surgió la **reclamación de 1.056.393 dólares e intereses,** de la que dió cuenta el entonces ministro de Relaciones Exteriores, licenciado don Mariano Vázquez, en su memoria, presentada al Congreso Nacional, en 1904, en los términos siguientes: (páginas 14 y 15).

"Entre las obligaciones que contrajo el *Honduras Syndicate,* en la contrata de arrendamiento del ferrocarril, figuraba la de construir un puente sobre el río Ulúa. Esta y otras obligaciones no fueron cumplidas ni en el tiempo estipulado ni en el año de prórroga que se le concedió; por lo cual, de conformidad con el artículo $3^0$ de la misma contrata, se rescindió ésta sin necesidad de declaración arbitral, y el Gobierno entró en posesión del ferrocarril el 27 de mayo anterior (de 1903).

Esto ha dado margen á una infundada reclamación que el Sindicado presentó ante el Gobierno de Washington, en la cual exige del de esta República, $ 1.056,393 e intereses como indemnización de supuestos perjuicios, afirmando que fue violentamente despojado del ferrocarril.

Verdadera sorpresa os causará esta reclamación si tomáis en cuenta los términos claros y precisos de la contrata que aprobasteis el 26 de mayo de 1900 y la circunstancia de que el representante de *The Honduras Syndicate,* don Adolfo Pereira, convencido de que el arrendamiento había terminado por la ley misma del contrato, espontáneamente mandó entregar el ferrocarril, separándose de su administración y manejo.

"Pendiente este asunto, como se encuentra, sólo debo manifestar que la Secretaría de mi cargo, con acopio de razones y documentos, refutó el memorial del Sindicado, demostrando la falta de justicia de la reclamación.

El Ejecutivo, fundándose en la rectitud del Gobierno de los Estados Unidos, abriga la creencia de que, con vista de la exposición que se le dirigió, no apoyará las pretensiones del Sindicado".

Con efecto: en la memoria presentada el 8 de enero de 1906, a la Asamblea Nacional Constituyente, por el mismo ministro de Relaciones Exteriores, señor Vázquez, en la página 17, se lee lo que sigue:

"El Gobierno estima también terminada la reclamación que por $ 1.056.393 e intereses presentó ante el Gobierno de Washington el Honduras Syndicate, como indemnización de supuestos perjuicios por haberse puesto término al arrendamiento del ferrocarril".

Las razones de justicia que existían y existen para que no prosperara una tal reclamación, las expondremos en el número de mañana.

## El negocio Valentine

*Jueves, 21 de septiembre de 1911.*

Mal de nuestro grado hemos de incurrir constantemente en repeticiones en el trabajo que venimos haciendo, en nuestro propósito de que queden tan claras y tan de relieve la verdad de cuanto decimos y la justicia que asiste a Honduras y a su Gobierno en lo referente al ferrocarril nacional y al muelle de Puerto Cortés, que ni la duda sea posible, pero ni siquiera la discusión por interpretaciones o apreciaciones diferentes de los hechos.

Nos proponemos ahora demostrar lo injusto é infundado de la reclamación que, según la Memoria oficial citada en nuestro número de ayer, presentó el Sindicado de Honduras ante el Departamento de Estado en Washington, no obstante que según otra Memoria, también oficial y al mismo tiempo recordada, el Gobierno estima también terminada la reclamación; pero como la prensa americana aún la menciona y la trae a cuento, no seremos extemporáneo en nuestro propósito.

Recordamos, pues, a los lectores, que el 26 de mayo de 1900, el Congreso Nacional aprobó la contrata celebrada entre el Gobierno y Mr. Jhon E. Bleckman, representante del Honduras Syndicate, por la cual se le daba en arriendo, por el término de 23 años, contados desde la misma fecha de la aprobación, la sección construida del ferrocarril nacional, desde Puerto Cortés á La Pimienta, en el estado en que se encontraba en aquella fecha, juntamente con las estaciones, talleres, todas sus anexidades y dependencias, material fijo y rodante y cuanto perteneciera á la misma empresa.

El Sindicado se obligó a reconstruir dentro de los cuatro años siguientes a la aprobación de la contrata, la expresada sección del ferrocarril, y dentro de los dos primeros años á construir el puente sobre el Ulúa, y a reconstruir el del Chamelcón.

También se obligó el Sindicado a proveer el ferrocarril de los carros y vagones y de todo el equipo necesario para el buen funcionaminto y servicio de la empresa.

A la vez en la contrata había un artículo, el 39, en el que se establece que se rescindirá ésta y quedará sin efecto por falta de cumplimiento de cualquiera de las condiciones expresadas anteriormente, lo mismo que por el hecho de no construirse la sección del ferrocarril del Ulúa a Comayagua, de que se trata en adelante. Que en caso de rescindirse y de quedar sin efecto la contrata, el Sindicado no podrá reclamar indemnización por razón de mejoras hechas al ferrocarril que se le da en arrendamiento, y lo devolverá al Gobierno sin gravamen alguno, y que par falta de cumplimiento de las condiciones que se refieren al pago del arrendamiento y a la construcción del puente sobre el río Ulúa y reconstrucción del de Chamelecón, la rescisión se efectuará de hecho y sin necesidad de declaración arbitral.

El Gobierno cumplió, por su parte, la obligación que contrajo, entregando la sección existente del ferrocarril al Sindicado, y éste entró de lleno en posesión de él como arrendatario.

El Sindicado explotó tranquilamente la sección del ferrocarril de Puerto Cortés a La Pimienta, desde el 26 de mayo de 1900 a igual fecha de 1903, es decir, durante tres años, y como era de esperar, como lo esperó el Gobierno, que el expresado Sindicado cumpliera, por su parte, las obligaciones que había contraído, y que él mismo había consignado en la contrata.

Pero no sucedió así. Ya hicimos notar oportunamente, que dos meses antes de terminar los dos primeros años del arrendamiento, esto es, el 6 de marzo de 1902 —fecha en la cual debieran estar construido ya el puente sobre el río Ulúa y reconstruido el del Chamelecon—, el representante y agente general de The Honduras Syndicate, don Adolfo Pereira, se presentó al Gobierno pidiendo prórroga del arrendamiento, dando por motivo para ella que "en la nueva contrata no se pudo llegar al serio y detenido estudio de un plan verdadero de parte de sus representados para acometer esa empresa y darle fiel cumplimiento a sus obligaciones"; manifestó también que en el año anterior habían ocurrido en los Estados Unidos, crisis violentas á consecuencia de las huelgas, por lo cual las fábricas no estuvieron en capacidad de llenar los pedidos de materiales que se necesitaban pura empresas como la del ferrocarril; pero no probó que se hubieran pedido tales materiales.

Como se ve, lo expuesto más parecen pretextos que razones verdaderas, siendo desde luego inentendibles las alegadas por el representante del Sindicado en su solicitud; desde luego porque dejar dos años en claro, pasados en quieta y pacífica posesión del ferrocarril, en virtud de un contrato, y al cabo de dichos dos años salir diciendo que no se ha entendido ni estudiado el mismo contrato, es cosa realmente peregrina y muestra patente de la seriedad con que se procede. Los términos del contrato eran muy claros y explícitos, y habiendo entendido bien el Sindicado todo lo que se estipuló a su favor, esto es, las obligaciones que correspondían al Gobierno, desde luego que tomó posesión del ferrocarril con todas sus pertenencias y anexidades, y lo explotó dos años sin interrupción, es evidente que no tuvo dada alguna ni podía tenerla respecto al alcance de sus propias obligaciones, entre las cuales estaba la de construir un puente sobre el río Ulúa, como hemos repetido, dentro de los dos primeros años del arriendo, lo cual dejó de cumplir enteramente.

Son principios generalmente reconocidos que los contratos obligan por igual y que deben ejecutarse de buena fe. Si el Sindicado, como decía su representante, señor Pereira, en su solicitud de prórroga, no tenía perfecto conocimiento de sus derechos y obligaciones, todavía dos años después de firmada y aprobada la contrata, ¿por qué durante esos dos años explotó el ferrocarril sin que fuera obstáculo para recibir todos los provechos la falta de conocimiento de sus propias obligaciones?

Procediendo correctamente, el Sindicado debía haber suspendido la explotación hasta tanto que, como decía su representante, hubiera tenido exacto y amplio conocimiento de sus obligaciones. Eso de entender los derechos y no percatarse de los deberes, no deja de ser cómodo; pero no es muy equitativo que digamos.

El segundo motivo expuesto por el representante del Sindicado, señor Pereira, todavía era menos atendible.

A muestro juicio las huelgas a que se refirió no fueron fuerza mayor ni caso fortuito para la empresa, y no pudieron afectar jurídicamente al contrato ni justificar en modo alguno la falta de cumplimiento de sus obligaciones por parte del Sindicado.

La salvedad de caso fortuito o fuerza mayor, que sólo se estipuló en el artículo 26 de la contrata, respecto a la obligación de construir, equipar y abrir al servicio público la sección del ferrocarril del Ulúa á la ciudad de Comayagua, y de allí hasta su extremidad en el golfo de Fonseca, está restringida a casos interiores, pues dice el mismo artículo que "no se entenderá caso fortuito o Fuerza mayor los sucesos ocurridos fuera de Honduras".

Con lo que antecede se demuestra que si el Sindicado no tuvo derecho a la prórroga que solicitó, tampoco se fundaba al pedirla en un motivo justo o siquiera razonable. Sin embargo, el Gobierno otorgó la prórroga pedida, llevado únicamente de su deseo manifiesto de que se construyera hasta su término la línea férrea, deseo que, siendo tan justo, tantos males, sin embargo, ha ocasionado al país y seguirá ocasionando, tanto por imprevisión, como por excesiva confianza y generosidad.

En este caso el señor Pereira, representante del Sindicado, manifestaba los buenos propósitos que animaban a éste, para cumplir por su parte la contrata celebrada y el Gobierno accedió a darle más tiempo para que realizara sus promesas.

No puede caber duda alguna de que el Sindicado no cumplió sus obligaciones en los dos primeros años de su contrata, pues que él mismo lo declara al solicitar la prórroga, y el Gobierno pudo muy bien, en consecuencia, y *extricti juris,* desde el 26 de mayo de 19092, fecha en que se completaron los dos años del arrendamiento, pudo, repetimos, dar por rescindida la contrata, según el citado artículo $3^0$ de la misma.

Pero, repetimos también, interesado el Gobierno en la construcción del ferrocarril y en su prolongación hasta el golfo de Fonseca, otorgó la prórroga de un año que se le pedía, en la esperanza siempre de que en ese plazo el Sindicado cumpliera sus obligaciones, y la empresa fuera un hecho.

Continuaremos mañana.

# Sigue probándose la injusticia de la reclamación

*Viernes, 22 de septiembre de 1911*

Vimos ya en el número anterior los fundamentos que se expusieron por el representante del Sindicato, para obtener la prórroga que el Gobierno le concedió, y que terminaba el 26 de mayo de 1903.

Pero tal prórroga fué también inútil. Llegó la fecha expresada y no se había cumplido más la contrata que un año antes, con lo que fué el caso de aplicar el artículo $3^0$ citado y repetido, pues que no en dos años, sino que en tres, no se había construido el puente sobre el río Ulúa ni realizado otras obras que era obligación llevar á cabo.

Y como el repetido artículo estableció que en ese caso, es decir, en el de la no construcción del puente, se rescindiera de hecho la contrata y sin necesidad de declaración arbitral, el Gobierno estuvo en su derecho de proceder como lo hizo, dando por rescindida la contrata, de acuerdo con el representante del Sindicato y con su conocimiento consiguiente, y entrando en posesión quieta y pacífica también del ferrocarril y de sus anexidades.

Debemos recordar en este punto el telegrama enviado, desde Nueva York, por el vicepresidente del Sindicato, señor Chauncey M. Depew, al representante del mismo Sindicato, señor Pereira, el 25 de mayo de 1903, que reprodujimos en nuestro número del 29 de agosto anterior, y en el que decía:

"Pereira.—Tegucigalpa.—Instruir Hardy.—Sindicato espera que él y todos los empleados retengan posesión bajo las órdenes del Gobierno hasta llegada del Representante".

Debe recordarse que el señor Hardy era el superintendente del ferrocarril, y también que en telegrama del entonces presidente de la República, general don Manuel Bonilla, al dicho señor Depew, se le dijo, el 24 del mismo mayo, que en espera de propuestas se conservarían los mismos empleados del Sindicato, durante treinta días. Este acto de cortesía fue correspondido con el telegrama antes copiado, en el que bien claro se ve que el vicepresidente del Sindicado, y por consecuencia éste, no hacían oposición a la entrega del ferrocarril al Gobierno.

En cuanto al conocimiento y acuerdo del también repetido representante del Sindicado, señor Pereira, que no pudo menos de reconocer el derecho del Gobierno a entrar en posesión del ferrocarril, están probados con el telegrama en que ordenó al superintendente la entrega del mismo y de todas sus anexidades.

En el número de esta publicación antes citado, puede verse dicho telegrama. Decía: "Está entendida y arreglada la entrega al Gobierno del ferrocarril y todas sus pertenencias, mañana temprano. Desde esa fecha funcionará el ferrocarril por cuenta del Gobierno a las órdenes del comandante Quirós, y con los mismos empleados y reglamentos hasta nueva orden del mismo Gobierno. Entiéndase Ud. con el comandante Quirós para todos los detalles".

La aquiescencia del representante del Sindicado á realizar la entrega, como lo hizo; la de la misma directiva de la corporación, están fuera de duda, por lo que por esta parte no hubo motivo ni fundamento alguno para formular una reclamación, ya que la entrega al Gobierno fué, en virtud de la ley del contrato, como éste había estatuido, para el caso de recisión de hecho, sin declaración arbitral y sin derecho a indemnización de ningún género; pero dentro de la más estricta legalidad y de acuerdo las dos partes.

No fué en efecto sino mucho después de estar el Gobierno de nuevo en posesión del ferrocarril, cuando hizo su reclamación el Sindicado; pero no ante el Gobierno de Honduras, con el que hasta entonces había tratado, sino ante el Gobierno de Washington, reclamación en la que nos ocupamos, únicamente por hacerlo también periódico americanos, como ya hemos dicho.

Trató de justificar el Sindicado la falta de cumplimiento de sus obligaciones con excusas más que con razones: los lectoras podrán juzgar.

Expuso que, cuando aceptó la concesión e invirtió gran suma de dinero en el ferrocarril, emprendiendo la terminación de ciertas partes de él, lo hizo en el supuesto de que el arrendamiento contratado por veinte y cinco años del ferrocarril era un arrendamiento válido y obligatorio, que el Gobierno de Honduras tenía facultad de otorgar y que el Sindicado, siempre que cumpliera su parte en la concesión, sería protegido en el goce de los derechos que la misma le confería, inclusive el de la posesión de la línea arrendada.

Expuso también que antes que se cumpliera ninguno de los plazos que podían originar la caducidad, se le notificó al Sindicado, sin decir éste por quién, sino que lo fué virtualmente, es decir, tácita e implicitamente, lo cual es una forma original de notificación, pues resulta ésta no hecha o no expresada, que no podía contar el arrendamiento como válido y obligatorio, a casa de la protesta hecha por el Cónsul de S. M. Británica, con motivo de la cual notificación, que ya hemos visto fué sólo *virtual* o que no existió, mejor dicho, no se justificaba que el Sindicado siguiera haciendo desembolsos de conformidad con la contrata de arrendamiento, hasta que el asunto de la condición legal de aquél se determinara final y definitivamente; sosteniendo, además, que la interpretación de tal protesta y la actitud asumida por el Gobierno de Honduras con respecto a ella, constituían un caso fortuito o de fuerza mayor, según lo establecido en el contrato, que prorrogaba sus plazos para la terminación del ferrocarril.

Debe no olvidarse lo que consta ya en nuestras columnas, de que el Congreso no aprobó la prórroga concedida al Sindicado, y que de ello fué notificado por el Gobierno.

Parece por la forma en que expone sus razones el Sindicado, que la protesta del Cónsul británico fue anterior á la prórroga de la contrate, pues habla de plazos que pudieran originar la caducidad, no cumplidos, cuando fue después de dicha prórroga; y, además, podría suponerse también que en efecto había habido tal protesta del repetido Cónsul, es decir que éste la hacía por cuenta y en representación del Gobierno inglés, de los intereses del cual era y es guardador; pero nada menos exacto que esas dos cosas que se quisieron hacer que aparecieran.

En el número del lunes próximo pondremos la verdad en su lugar y seguiremos con este asunto interesante.

# El Negocio Valentine

*Lunes, 25 de septiembre de 1911.*

Recordábamos en nuestro número anterior que el Congreso Nacional no aprobó la prórroga concedida por el Gobierno al HONDURAS SYNDICATE, a lo que habíamos hecho referencia antes en nuestros números del 24 y 29 de agosto anterior; pero creemos conveniente para la mejor inteligencia de lo que decimos, insistir en ello, insertando, íntegra, la nota del señor Ministro de Fomento al representante del Sindicado, en que le comunicaba la no aprobación del Congreso con las demás protestas del caso. Decía así:

"*Ministerio de Fomento y Obras Públicas.*

*Tegucigalpa, 8 de mayo de 1902. .*

Señor don Adolfo Pereira, Representante General de The Honduras Syndicate.

Pte.

No habiéndose aprobado por el Congreso Nacional la prórroga de un año, concedida por acuerdo del 7 de mayo del corriente año, es el deber del Gobierno ponerlo en conocimiento de Ud, como representante de The Honduras Syndicate, con expresión de referencia á la fecha del 26 de mayo próximo para los efectos que corresponda, especialmente para consignar que no se entienda que se hace renuncia de derechos de parta del Gobierno ni aceptar deje de cumplirse ninguna de las obligaciones del Sindicado,

Soy de Ud., con toda consideración, muy atto. y S. S.

(f). FRANCISCO ALTSCHUL

La contestación del señor Pereira fué como sigue:

"Tegucigalpa, 12 de mayo de 1902.
Señor Ministro de Fomento de la República de Honduras.
P.

Muy distinguido señor mío:

He recibido la comunicación de V. E. fecha del 8 del actual, y en contestación me permito manifestar lo siguiente:
El Soberano Congreso Nacional no aprobó ni desaprobó la prórroga concedida por el Poder Ejecutiva, sino simplemente la aplazó, y por consiguiente debe considerarse existente esta prórroga, hasta el 26 de muyo de 19083, salvo que durante este tiempo un Congreso desaprobara esa prórroga, pues solamente en este caso quedaría, antes de la fecha mencionada, terminada la contrata existente con el Honduras Syndicate; pero en mi concepto esto es improbable, tanto por haberla concedido el Poder Ejecutivo, después de haber tomado en cuenta las justas razones expuestas por el Sindicado en su petición, como por los intereses de Honduras y del Sindicado, ya que **éste se ocupa en dar los pasos conducentes al cumplimiento de la contrata,** lo cual habría que tomarse en consideración llegado el caso de caducidad de la contrata, todo lo que me permito someter al justiciero espíritu de su Gobierno.
Con sentimiento de muy alta consideración, soy de Ud. muy att. y S.S.

(£.) Adolph Pereira,
Representante de The Honduras Syndicate.

Creemos que las frases subrayadas son una confesión franca de que el Sindicad, CUANDO SOLICTTÓ LA PRÓRROGA, es decir, al terminar el plazo en el cual debió haber cumplido obligaciones tales como la de construir el puente sobre el Ulúa, NO HABÍA CUMPLIDO CON DICHAS OBLIGACIONES EN MANERA ALGUNA, puesto que entonces precisamente era cuando SE OCUPABA EN DAR LOS PASOS CONDUCENTES AL

CUMPLIMIENTO DE LA CONTRATA. Ni siquiera empezaba o había empezado á cumplirla, sino que se ocupaba en los preliminares de su cumplimiento.

Creemos conveniente también reproducir lo que sobre el asunto de la prórroga consta en la Memoria presentada al Congreso Nacional, por el secretario de Estado en el Despacho de Fomento, don Francisco Altshul, acerca de los actos del Poder Ejecutivo durante el año económico de 1901 a 1902, en las sesiones de enero de 1903. Decía al tratar de *FERROCARRILES*.

"Para dar al **Honduras Syndicate,** por última vez, oportunidad de cumplir los compromisos contraídos con el país, se concedió á la empresa, el 7 de marzo del año pasado y a petición del Representante del Sindicado, prórroga por un año. El acuerdo
respectivo fue puesto en vuestro conocimiento para su aprobación o improbación; pero no se resolvió en ningún sentido durante vuestras últimas sesiones. El Gobierno, para evitar una interpretación inconveniente para los intereses del país, y para consignar de una manera clara que a causa de la prórroga no se renunciaba a ningún derecho ni se libraba á la empresa de ninguna de sus obligaciones, dirigió por medio de esta Secretaría, el 8 de mayo próximo pasado, una comunicación terminante a este respecto al Sr. don Adolfo Pereira, representante general del **Honduras Syndicate**, la cual fue contestada satisfactoriamente por dicho señor el 12 del mismo mes; encontraréis estos documentos de importancia entre los anexos —Que la empresa no ha cumplido las obligaciones de la contrata, es bien sabido; ni lo niega el Representante del Sindicado, pues en la nota a que me refiero dice: "Debe considerarse existente esta prórroga hasta el 26 de mayo de 1903, salvo que, durante este tiempo, un Congreso desaprobara esta prórroga, pues solamente en este caso quedaría, antes de la fecha mencionada, terminada la contrata".

Como ésta en su artículo tercero, declara que por falta de cumplimiento de la condición b, artículo segundo, o sea la de la reconstrucción de la actual vía y de la construcción del puente sobre el río Ulúa, etc., etc., se efectuará la rescisión de la contrata de hecho y sin necesidad de declaración arbitral, queda la próxima Administración —terminaba la del general Sierra— en entera libertad para tomar la resolución que, en favor de los intereses del Estado, crea más conveniente".

Nos referimos también en nuestro anterior articulo a la excusa dada por el Sindicado, fundada en la protesta hecha por el Cónsul de S. M. Británica, a la que se le quiso dar muy distinto alcance del que realmente tuvo.

Con efecto, fué el entonces muy digno cónsul de S. M. B. señor Collin W. Campbell, quien el 10 de marzo de 1902, es decir, no "antes de que se cumpliera ninguno de los plazos que podían originar caducidad", sino sólo próximo a vencer ya en tantas veces repetido plazo para la construcción del puente sobre el río Ulúa y para otras obras de reconstrucción que daban lugar á la caducidad, conforme al tan repetido artículo $3^0$, y concedida ya la prórroga, originada de esa falta de cumplimiento, y TRES DÍAS DESPUÉS DE LA MISMA PRÓRROGA, quien presentó por orden de la Legación de S. M B. en Guatemala, cumpliéndola también del FOREIGN OFFICE, una protesta del Consejo de Tenedores de bonos extranjeros, de Londres, contra la prórroga ó "extensión de más tiempo al Honduras Syndicate" en el arrendamiento del ferrocarril a La Pimienta. Protesta á la cual siguió, precisamente el día en que se vencía el plazo para la caducidad, si no hubiera habido prórroga de la contrata con el Sindicado, ó sea el 26 de mayo del mismo año de 1902, una nota al señor Ministro de Fomento, del señor W. J. Bain, que se firmó agente del Consejo de Tenedores de Bonos, en la que éste manifestaba "estar en disposición de recibir y operar dicho ferrocarril por su cuenta, considerando siempre que los tenedores de bonos, más que nadie, tienen el interés de conservar en buen estado la parte construida, con miras de seguir los trabajos y tratar de encontrar los fondos para completar el ferrocarril interoceánico".

Tal nota recibió como respuesta, como era natural, un simple acuse de recibo, ya que la protesta y su contestación, fueron por conductos oficiales.

Creemos haber puesto la verdad en su lugar, como ofrecimos en nuestro último artículo del viernes anterior, y que tal verdad se separa bastante de las afirmaciones que hacía el Sindicado. Continuaremos en el día de mañana.

# Siguen las contrataciones

*Martes, 26 de septiembre de 1911.*

Aclarados los conceptos que aparecían dudosos en la reclamación del Sindicado, por la forma en que fueron expuestos, hemos de seguir con ella hasta su término.

Por más que aparenta dudas el Sindicado, era incuestionable el derecho del Gobierno a disponer y usar del ferrocarril, como dueño que era y es de él, así como para administrarlo en la forma que tuviera por conveniente o bien para arrendarlo á la persona o compañía que le pareciese.

No era aquella la primera ocasión en que el Gobierno había arrendado el ferrocarril. El señor José M. Hance lo tuvo de 1881 a 1884 y nada menos que por veinte años le fué arrendando al general don Eduardo Kraft, en 1885. La viuda de éste, con autorización del Gobierno, cedió el arriendo a la Honduras Rail Road Company y tras éste lo obtuvo el Sindicado. No por falta de derecho por parte para hacer el arrendamiento fué por lo que éste no llegó hasta su término, sino por la falta de cumplimiento, por los arrendatarios, de las obligaciones contraídas por ellos.

El Sindicado sabía bien que el Gobierno es el dueño del ferrocarril, y no podía ignorar que esta propiedad no podía perderla por el simple hecho de una protesta, no contra aquélla, sino contra un acto del propietario.

Además, el Sindicado en su exposición al Departamento de Estado americano reconoció que los bonos emitidos en nombre Gobierno de Honduras, en Londres y en París, constituían obligaciones directas que no afectaban a la propiedad del ferrocarril.

También expuso la naturaleza fraudulenta del negocio de los empréstitos hechos contra Honduras más bien que en favor de este país, hasta el punto de que consignó también que el gobierno inglés se negó a intervenir en el asunto, después de prolija investigación parlamentaria y judicial, esto lo agregamos nosotros, en favor de los tenedores de bonos.

Ya hemos hecho notar que la prórroga hecha al Sindicado fué el 7 de marzo de 1902 y la protesta fue el 10 del mismo mes, es decir, tres días después, y cuando ya el Sindicado, en la solicitud en que la pedía, hacía constar la falta de cumplimiento, razonada o no, de las obligaciones que había contraído. El Gobierno, no obstante la protesta, sostuvo al Sindicado, por un año más, el de la prórroga, en posesión del ferrocarril, lo que demuestra palmariamente su derecho, y que obraba como verdadero dueño que era.

Debemos recordar, como demostración de que fué un pretexto y no más; pero pretexto vano, lo aducido por el Sindicado, el artículo 21 contraído 1900, en el que se consignó:

"Es claramente entendido y aceptado que los derechos y privilegios concedidos al Sindicado en la presente contrata, NO AFECTAN DE NINGÚN MODO LOS DERECHOS QUE TENGAN OTRAS PERSONAS O COMPAÑÍAS POR CONCESIONES HECHAS O CONTRATOS CELEBRADOS CON ANTERIORIDAD, **ni afectarán obligaciones anteriores del Estado en cuanto a la vía interoceánica de Puerto Cortés a la Bahía de Fonseca**".

Bien claro se refiere el párrafo copiado a las responsabilidades que por los empréstitos pesaban sobre el ferrocarril, por lo cual no las desconocía el Sindicado.

Pero todavía puede presentarse una prueba patente de ello, y ésta la da el artículo final de la misma contrata en el cual el señor John E. Bleekman, representante general del Sindicado, en nombre del cual suscribió la repetida contrata, declara textualmente, por el mismo HONDURAS SYNDICATE, que "acepta las responsabilidades que pesan sobre la sección arrendada", responsabilidades que no podían ser otras que las que pudieran deducirse de los empréstitos repetidos.

Creemos, pues, demostrado, hasta la saciedad, que no fue la protesta, no del Gobierno de S. M. Británica, sino de los tenedores de bonos, lo que impidió al Sindicado cumplir con sus obligaciones, considerando aquella como un caso fortuito ó de fuerza mayor para prorrogar más aún la contrata, sin hacer desembolso alguno hasta que se determinara, según él, la condición legal de arrendamiento.

El Sindicado no pudo dar ni dió á la protesta más valor de que realmente tuvo, que en modo alguno afectaba a su contrata.

Lo prueba el hecho de que el señor Pereira, que tuvo conocimiento de la protesta en los días en que gestionaba y obtuvo la prórroga de la contrata, nada dijo de ella, ni la tomó en cuenta para nada. Tanto es así que en la nota copiada en nuestro número de ayer, x fecha 12 de mayo de 1902, dirigida por el dicho señor Pereira: Ministro de Fomento de Honduras, se dice expresamente que **"Sindicado se ocupaba en darlos pasos conducentes al cumplimiento de la contrata.** Téngase presente que esto se decía en MAYO de 1902, y que la protesta fue el $1^0$ de marzo del mismo año, es decir, dos meses antes. Durante este lapso ni después la dicha nota, hasta el momento en que el Sindicado se presenta Gobierno de Washington como una supuesta víctima de expoliciones sufridas en Honduras, jamás se le ocurrió ni al Sindicado ni a sus representantes legales referirse para nada á la tal protesta.

Más aún: cuando el Gobierno se vió en el caso de hacer efectivo, el 26 de mayo de 1903, el artículo $3^0$ de la contrata, mediante cual volvía a entrar en posesión, de hecho, del ferrocarril y anexidades, nada se dijo por el Sindicado de la muy repetida protesta, sino que, por el contrario, pretendía obtener nuevamente arrendamiento, para lo cual anunciaba el envío de un representante.

Mañana continuaremos ocupándonos en otro fundamento que expuso el Sindicado en apoyo de su reclamación, tan efectivo como el discutido, y con la misma justicia: el de haber llenado cumplidamente las obligaciones de la contrata.

## El Sindicado sigue en sus errores

*Miércoles, 27 de septiembre de 1911.*

Terminábamos nuestro anterior artículo refiriéndonos a que el Sindicado sostuvo también, como base de su reclamación, que había llenado las obligaciones de su contrata; pero nos faltó agregar, dejándolo para hoy, que solicitó que, si el Gobierno de Honduras afirmaba lo contrario, se sometiera a la resolución de árbitros si el Sindicado había o no faltado á los compromisos contraídos

Por más extraña que parezca la pretensión anterior, es rigorosamente exacto que fue sostenida y que fué una de las bases en que descansaba la reclamación. ¿Cómo pudo ser eso? No se concibe.

Precisamente el pleito de la prórroga se había suscitado por la falta de cumplimiento de las condiciones correspondientes de la contrata en el plazo de los dos años señalados, sin que tengamos para qué recordar las causas que se expuso lo ocasionaron, que han de estar bien presentes.

Pero sí hemos de recordar una vez más, por ser necesario, que el representante del Sindicado, al contestar al señor Ministro de Fomento, el 12 de mayo de 1909, su notificación relativa á que el Congreso no había aprobado la prórroga de 7 de marzo anterior, expresó de la manera más clara y más terminante, que, en aquella fecha, el Sindicado se ocupaba en dar los pasos conducentes al cumplimiento de la contrata; lo que quiere decir, en buen castellano, que declaraba sin ambages ni rodeos, que en aquella fecha no estaba cumplida en manera alguna, cuando se ocupaba en dar los pasos preliminares o conducentes a ese fin.

Pero tampoco lo estaba el 26 de muyo de 1903, es decir, al terminar también el año de la prórroga. Esto se prueba no sólo con los documentos, ya reproducidos, de aquellos días, que no pueden ser más fehacientes; sino también con el testimonio del notario don Santiago Chaves, que el 20 de julio del mismo año repetido de 1905, levantó en la aldea de La Pimienta un acta, en la cual quedó establecido de manera incontrovertible, la falta de cumplimiento del Honduras SYNDICATE de su obligación relativa a la construcción del puente sobre el río Ulúa.

Tampoco reconstruyó el Sindicado ni el todo ni parte de la sección arrendada del ferrocarril, en la proporción debida conforme al contrato. Esto fué de pública notoriedad, y además el notario que inspeccionó la línea de Puerto Cortás a La Pimienta, declaró en documento público, que los rieles se encontraban "en mal estado, bastante torcidos, corroídos y hundidos á trechos. por el dilatado uso" que habían tenido, "SIENDO LOS MISMOS QUE EXISTÍAN ANTES DE LA CONTRATA".

¿Cabría, pues, derecho a indemnización alguna para el Sindicado por mejoras hechas al ferrocarril? La contestación se da por sí misma con lo expuesto, aparte de que como está ya repetido, por el artículo $3^0$ de la contrata pudo y debió rescindirse ésta de hecho, con construido como no lo estaba el puente sobre el río Ulúa en los dos primeros años de la contrata, ni tampoco en el tercero de la prórroga, rescisión que se llevaría a cabo "sin necesidad de arbitramiento y sin lugar de indemnización de ningún género".

No creemos necesario insistir más sobre este punto.

Pero hay otro de la reclamación a que venimos refiriéndonos, que no podemos pasar en silencio. Es el relativo a que el Sindicado no sólo cumplió sus obligaciones, sino que abrió al servicio público cinco millas de nueva línea del ferrocarril.

Aceptando sin conceder la exactitud de esa afirmación, tendríamos siempre, aparte de que ya hemos visto que las obligaciones con la sección construida no se cumplieron ni se construyó tampoco el puente sobre el Ulúa, que no eran cinco millas las que debieran estar construidas nuevas en ese período, sino por lo menos un total de veinticinco kilómetros, o sean más de trece millas, conforme al artículo 26 de la contrata.

Pero además no es exacto que el Honduras Syndicate construyera ni cinco millas nuevas ni ninguna, que por otra parte, aún estando construidas nuevas esas cinco millas, ni podían abrirse al servicio público ni ser de utilidad alguna.

Sin construir el puente sobre el Ulúa, que pondría en comunicación las dos orillas del río, lo construido en la parte opuesta a la de la aldea de La Pimienta resultaba perfectamente inútil. Mal podría, pues, haberse abierto al servicio público las cinco millas repetidas, que se encontraban precisamente de este lado del
río, y sobre las cuales, por la circunstancia expresada, no hubo ni podía haber servicio alguno de trenes.

Que no las construyó el HONDURAS SYNDICATE las tan repetidas cinco millas de vía férrea, se prueba con la lectura tan sólo la Memoria del señor Ministro de Fomento, al Congreso Nacional, correspondiente al año de 1898, que lleva la fecha de 11 de enero de 1899, publicada en La Gaceta del 19 de mayo del mismo año. En ella se dice terminantemente que, EN AQUEL AÑO, fueron construidas las repetidas cinco millas, es decir, un año antes de que se hiciera el contrato en cuestión con el HONDURAS SYNDICATE. En el Mensaje del mismo año al Congreso, del Presidente de la República, en La GACETA del 25 de enero, se dice: "Los trabajos de construcción de la línea férrea se suspendieron desde el mes de abril, con motivo de la guerra entre Estados Unidos y España, a juzgar por lo que expuso el representante de la empresa.

Sólo habían construidas cinco millas de línea, pero sin haber acopiado el material para el puente sobre el Ulúa, según lo convenido".

Creemos, pues, que no es posible abrigar duda respecto a que no fué el HONDURAS SYNDICATE, que empezó en 1900 su negocio de arriendo del ferrocarril, quien construyó las tan repetidas cinco millas de línea férrea, construidas, como hemos visto, en 1898.

Tampoco pueden atribuirse al mismo Sindicado como derecho adquirido anterior á su contrata, por traspaso, herencia o cualquiera otra forma de subrogación, a causa de que en la contrata repetidísima de 1900, en su artículo final ya citado también, declaró al representante del HONDURAS SYNDICATE, señor Bleekman, "que no habiendo cumplido la HONDURAS RAILROAD COMPANY las obligaciones que le imponía la concesión que obtuvo del Gobierno en 1896, aprobada por decreto legislativo, número 76, dicha contrata está anulada, y ningún derecho queda por razón de ella á dicha Compañía". Así se lee en el decreto respectivo. Continuaremos mañana.

## La reclamación del Sindicado no tiene fundamento alguno

*Viernes, 29 de septiembre de 1911.*

La extensión dada a este trabajo nos obliga a pensar en abreviarlo para su terminación; pero no podrá ser en tanto queden asuntos por tratar o simples cabos sueltos. Vamos, pues, a dar fin con lo que se refiere a la reclamación del Sindicado de Honduras, que creemos dilucidada suficientemente.

Creemos haber probado hasta la saciedad que la reclamación, que, debemos repetir, hemos venido tratando únicamente por haberla visto mencionada de nuevo en la prensa americana, no tiene base ninguna ni de justicia ni siquiera de equidad. Es la prueba más patente que puede presentarse de la existencia de lo que oímos calificar, hace tiempo de labios de un experimentado y muy digno diplomático extranjero, americano por cierto, como la INDUSTRIA DE LAS

RECLAMACIONES, lo que no pudo menos de llamarnos la atención. Entonces no lo habíamos visto todavía prácticamente.

Desde luego basta y sobra para que la reclamación del Sindicato no tuviera base ni fundamento alguno, con el muy repetido artículo $3^0$ de la contrata de 1900, mediante el cual no cumplido el $2^0$ de la misma, es decir, no construido en el plazo de dos años ni en un año más de la prórroga, el puente sobre el Ulúa, la contrata estaba terminada de hecho, y el ferrocarril y sus anexidades volvían al Gobierno sin arbitraje previo y también sin que el Sindicato tuviera derecho a indemnización alguna; esto es muy claro.

Como lo es asimismo, y está más que probado, que el Gobierno volvió a entrar en posesión del ferrocarril con el consentimiento expreso de los representantes del Sindicato: su vicepresidente en Nueva York, y su agente general, en Tegucigalpa, por lo que tampoco pudo aducirse arbitrariedad o violencia que sirviese de base a una reclamación, ya que el Gobierno, sobre proceder conforme a una facultad que le reconocía el contrato, obró en perfecto acuerdo con la otra parte interesada: los representantes de HONDURAS SYNDICATE, que ordenaron, como hemos visto en números anteriores, la entrega del ferrocarril.

Hacemos caso omiso de la protesta de los tenedores extranjeros de bonos de Honduras, porque ya hemos visto que tal protesta está reconocido por el mismo Sindicato, que no influyó para nada en el negocio, por lo cual no hay para qué volverla á traer cuento.

Tomarla, pues, como una base, la principal, de la reclamación, es declarar desde luego a ésta sin fundamento alguno. Las razones no hay para qué repetirlas en éste a modo de resumen que ahora hacemos.

Pero sí, hemos de insistir en que nada hizo tampoco el Sindicato en la construcción de la línea más acá de La Pimienta, desde que comenzó la contrata, en 1900, pues las cinco millas nuevas que sostuvo había abierto al servicio público, no lo fueron ni antes ni entonces ni después tampoco; pues habían sido construidas por la HONDURAS RAILROAD COMPANY y no por el HONDURAS SYNDICATE desde 1898.

Para terminar con la tal reclamación del Sindicato hemos de hacer resultar dos hechos: uno, ya repetidamente señalado para el HONDURAS SYNDICATE y para todos los anteriores arrendatarios y también para los que lo han sido posteriores a él: el de que ninguno ha cumplido con los compromisos que ha contraído, ni se ha preocupado con ellos, habiendo encontrado siempre medios hábiles, desde 1892 a 1902, para empalmar una concesión o contrata con otra en tal forma que no haya habido solución de continuidad en la explotación del ferrocarril únicamente. Fué sensible para los arrendatarios ciertamente que les quebrara su juego el general don Manuel Bonillla en 1903, poniendo las cosas en su jugar verdadero.

El otro hecho que señalábamos ha sido también muy patente, constantemente repetido, y sin interrupción alguna: el Gobierno de Honduras en el deseo de que se lleve á cabo al fin y por quien quiera que sea, el ferrocarril de uno á otro océano, que desde hace más de medio siglo constituye el *desiderátum* del patriotismo hondureño, ha otorgado concesiones y celebrado contratos con una y otra compañía y entidades diferentes, siempre sobre bases muy liberales, para la construcción de tal vía férrea.

Desgraciadamente tales facilidades de parte del Gobierno han sido inútiles, pues la construcción del ferrocarril no ha adelantado un paso, y su arrendamiento sólo ha servido para que se explote lo construido y se aprovechen sus recursos.

La línea no ha podido pasar del río Ulúa, no existiendo puente sobre él todavía, con lo cual lo construido de nuevo ha sido enteramente perdido.

En un documento público leímos, hace tiempo, lo siguiente: "Quizá si el país hubiera acometido con sus solos esfuerzos esa obra, la hubiera terminado ya sin grandes sacrificios". Así lo creemos efectivamente. Por pobre que haya sido el tesoro de Honduras, por escasos sus recursos, bien podía, como ocurrió durante la Administración del general Bonilla, dedicar los pro- ductos del ferrocarril a su propio sostenimiento y mejora, y re- construido lo existente, bien pudiera irse avanzando en la construcción poco á poco, y entretanto entrar en negociaciones serias para la construcción de los puentes.

Después de la discusión minuciosa que acabamos de hacer de la reclamación del HONDURAS SYNDICATE, no debe sorprender, antes bien era lo lógico y también lo justo, que tal reclamación no prosperara ante el Gobierno de los Estados Unidos. La sinrazón y la injusticia no pueden tener cabida donde imperen únicamente la moralidad y la ley. Se explica perfectamente que el ministro señor Vásquez, como resultado de sus gestiones en este particular, pudiera decir como dijo al Congreso, en su memoria de ocho de enero de 1906:

"El Gobierno estima también terminada la reclamación que por $ 1.056.593.00 e intereses presentó ante el Gobierno de Washington el HONDURAS SYNDICATE, como indemnización de su "supuestos perjuicios por haberse puesto término al arrendamiento del ferrocarril".

Continuaremos el lunes próximo.

## La reclamación por el ferrocarril y muelle

*Miércoles, 4 de octubre de 1911.*

Terminamos ya con la reclamación del HONDURAS SYNDICATE y creemos que no habrá seguramente persona imparcial alguna que en vista de la exposición que hemos venido haciendo de hechos y documentos, no se apresure a declarar tal reclamación como un escándalo, cuando fué presentada; justificado que se retirara o no fuera apoyada, explicable por completo que pudiera reproducirse y menos aún que pudiera tener acogida nuevamente.

Pues si esto ocurre con la reclamación del Sindicado, estamos seguros de ello, porque la verdad se impone y el abuso siempre resulta repulsivo, mucho más ha de suceder con lo que nos toca ahora examinar y que se refiere á la reclamación que dijo el **TIMES DEMOCRAT,** de Nueva Orleans, había presentado el señor Washington S. Valentine, reclamación de la cual no hay indicios en los centros oficiales, y que, como hemos repetido, no creímos pudiera ser presentada y menos sostenida caso de que lo fuese.

¿Cuál podría ser lavase de tal reclamación? Indudablemente que no lo sería el contrato de arrendamiento del ferrocarril nacional, celebrado el 16 de julio de 1908 ni tampoco el de prórroga de la concesión para la construcción y explotación del muelle de Puerto

Cortés, de 20 de agosto de 1907, por estar ambos rescindidos por el contrato celebrado con el Gobierno, por dicho señor Valentine, el 17 de marzo de 1909. ¿Sería entonces como consecuencia de este último contrato? Tampoco puede serlo, porque es el mismo contratista y no el Gobierno el que no ha cumplido con las estipulaciones del mismo. Vamos a dar una ojeada á los contratos mencionados, y a ocuparnos también en este último para dar fin á este negocio que tenemos ya entre manos tantos días hace.

Como hemos podido ver en días anteriores, el señor Valentitine contrató con el Gobierno de Honduras, en la fecha antes indicada, el arrendamiento del ferrocarril nacional, por un término de doce años, contados desde que el contrato fuera aprobado por el Congreso.

Que por tal contrato se impuso la obligación de reconstruir la línea desde Puerto Cortés á La Pimienta, comenzando tal reconstrucción tres meses después de la misma aprobación, y debiendo estar terminada dentro de los tres años siguientes á la aprobación de la contrata.

Que también se obligó a construir ramales al ferrocarril que se le arrendaba, no menos de veinte y cinco millas en total, en los primeros seis años del contrato, con las otras condiciones que con- signamos al hacer el extracto de esta contrata.

Por otra parte, el señor Valentine que tenía contratadas la construcción y la explotación del muelle de Puerto Cortés, desde el 9 marzo de 1896, por contrato que el Congreso aprobó el 24 del mismo mes y año, celebró una nueva contrata en la fecha dicha de 20 de agosto de 1907, por la que fué prorrogada la primera por doce años más, comprometiéndose á construir FORMALMENTE el muelle que existía, lo que quiere decir que antes no era FORMAL por más que lo hubiera construido el mismísimo señor Valentine, y a dentro de un año, a contar desde la fecha de la contrata, a reparar
los edificios anexos, a la vez que, en los dos primeros años de la prórroga, realizaba otras obras y construcciones repetidas ya hasta la saciedad en números anteriores.

No debemos pasar por alto un detalle, y es que ambos contratos, como todos los de esta especie que celebra el Gobierno, debieron ser aprobados por el Congreso. No habiéndolo sido como no lo fueron, se ha hecho valer que la responsabilidad de tal proceder corresponde enteramente al Gobierno.

Muchos desaciertos podrán atribuirse justamente al de aquella época en sus procedimientos administrativos; pero éste no lo cometió ciertamente, y es fácil probarlo.

En el acta de la 84ª sesión del tantas veces mencionado Congreso Nacional, en su legislatura de este mismo año de 1911 se lee, en una moción que presentaron los señores diputados don Camilo Girón y don Octavio KR. Ugarte, que el Gobierno sometió al Congreso, en sus sesiones de 1909, tanto el contrato de arriendo del ferrocarril como el de prórroga del muelle, habiendo después retirado ambos, de acuerdo con el Contratista, al firmar con éste el contrato de rescisión de los dos anteriores, el 17 de marzo de 1909.

Pero sea lo que fuere, el hecho cierto e indudable es que no aprobados los dos contratos por el Congreso, no hubo ni pudo haber tal contrato sino administraciones de hecho lo mismo para el ferrocarril que para el muelle, á las que por extensión podrían y debían ser aplicadas las disposiciones mencionadas de los contratos de 16 de julio de 1908 y de 26 de agosto de 1907, por el tiempo de su duración,

Esta situación de hecho, que no de derecho, vino a crearla en el caso del muelle, el hecho mismo, pues llegado el dos de marzo de 1908 nadie hizo observación alguna a que la contrata de 1896 había terminado, y continuó el señor Valentine en posesión del muelle y explotándolo aun no teniendo valor alguno legal todavía, la contrata de prórroga repetida.

Respecto al ferrocarril, la cosa fué diferente, Hubo en este asunto un mal de origen. Se quiso sancionar el hecho con el derecho; pero claro es que al hacerlo el Gobierno no lo hizo sino dentro de sus atribuciones y reconociéndolo así expresamente.

El mismo 16 de julio de 1908, suscribió otro contrato con el apoderado y representante legal del señor Valentine contrato que se denominó "CONVENIO ADICIONAL AL DE ARRIENDO Y RECONSTRUCCIÓN DEL FERROCARRIL NACIONAL", por el cual el Contratista pagó al Gobierno en aquella fechas, la suma de SETENTA Y CINCO MIL PESOS PLATA, a cuenta de los cien mil que conforme a la contrata debió pagar al tomar posesión del ferrocarril, obligándose a pagar los veinte y cinco mil restantes el 15 de septiembre de mismo año.

El Gobierno, en cambio, se obligó a entregar al Contratista el ferrocarril nacional, desde luego, como lo verificó el superintendente del mismo, don Manuel de Adalid Gamero, al representante del señor Valentine, señor A. G. Greeley, el 19 de agosto inmediato, del repetido año de 1908.

Pero se consignó en el mismo convenio adicional que en caso de no aprobar el Congreso el referido contrato relativo al arriendo del ferrocarril, el Gobierno devolvería al Contratista las cantidades que de esté hubiera recibido a cuenta del precio del arriendo, con la deducción correspondiente al tiempo que el Contratista lo hubiera tenido en su poder, y el Contratista entregaría al Gobierno el ferrocarril, al recibir dichas cantidades. Se ve pues, que al anticiparse el arriendo no se daba ni podía darse al respectivo contrato otro valor ni otra trascendencia que los que legítimamente podía tener: quedaba siempre como provisional y enteramente transitorio, en tanto que el Congreso Nacional no pronunciara su decisión.

Continuaremos: mañana.

## Sigue la reclamación

*Jueves, 5 de octubre de 1911*

En tal situación el negocio del ferrocarril y el muelle, como expusimos en muestro número de ayer, el 17 de marzo de 1909 celebró el Gobierno un nuevo contrato con el señor Valentine, por el cual se rescindían los dos anteriores, es decir, el de arriendo y reconstrucción del ferrocarril, y el de prórroga del de construcción y explotación del muelle de Puerto Cortés.

El motivo de esa rescisión lo expresa muy claro el preámbulo del mismo contrato: fué que el Gobierno había iniciado negociones con los tenedores de Bonos para un arreglo de la deuda exterior de Honduras, en el cual se afectarían los dichos ferrocarril y muelle, y con el fin de que no fueran obstáculo para concluir un arreglo definitivo los contratos celebrados con el señor Valentine, se procedía a su rescisión de acuerdo con el representante de aquél, en un nuevo contrato.

Al realizarse el arriendo del ferrocarril se había hecho constar en el artículo primero del contrato, que éste era sin perjuicio "de las propuestas pendientes y de las que en lo sucesivo se presenten para la continuación del ferrocarril al interior o la construcción del interoceánico".

Se previó también el caso del arreglo de la deuda exterior, en el artículo 14 del mismo contrato, en el que se dijo: "Presente contrato no impedirá al Gobierno conceder en cualquier época una o varias concesiones para la construcción del ferrocarril interoceánico O PARA EL ARREGLO DE LA DEUDA DEL FERROCARRIL O para ambas cosas á la vez, en que se obligue a vender o a entregar la línea férrea existente.

Por esta parte, pues, es decir, por lo que se relaciona con la rescisión de los contratos celebrados, el contratista no pudo tener base para reclamación alguna, ya que desde luego estaba prevista dicha rescisión, en los artículos citados de la contrata del ferrocarril, tanto para el caso de las propuestas pendientes ó de otras
nuevas para la continuación del ferrocarril existente o para la construcción del interoceánico como para el de un arreglo de la deuda contraída en el exterior con motivo del mismo ferrocarril.

Pero tampoco pudo tener motivo a reclamación conforme al contrato de rescisión en que nos ocupamos. Se convino por el Contratista voluntariamente, en rescindir ambas contratas: la de arriendo del ferrocarril, celebrada el 16 de julio 1908, y la de prórroga del contrato del muelle de Puerto Cortés celebrada el 20 de agosto de 1907, mediante las siguientes condiciones.

El señor Valentine había de entregar en un plazo fijo, es decir, **A MÁS TARDAR EL ÚLTIMO DE ABRIL PRÓXIMO** de 1909, y por inventario, a la persona que designara el Gobierno, el ferrocarril y muelle repetidos, con todas sus mejoras y las dependencias que les corresponden.

Se pactó que al recibir el Gobierno los inmuebles dichos, entregaría al señor Valentine la cantidad de setenta mil pesos oro americano, a cuenta del anticipo de cien mil pesos plata hecho por el arrendatario y del saldo que resultara a su favor por valor del muelle y de las mejoras que hubiera hecho al ferrocarril, para lo cual una y otra cosa serían valoradas por peritos nombrados por las dos partes, quienes tendrían la facultad de nombrar un tercero en caso de desacuerdo.

También se convino en que el saldo que resultara a favor de Valentine sobre los setenta mil pesos oro americano, le sería pagado por el Gobierno, con más el interés de medio por ciento mensual, en las diez mensualidades subsiguientes, en garantía de lo cual el Gobierno comprometía á favor del Contratista la mitad del producto bruto del muelle. Con tales condiciones se expresó a continuación que daban **POR CANCELADAS Y DE NINGÚN VALOR LAS CONTRATAS QUE SE RESCINDEN.**

En ejecución del contrato extractado, el Gobierno, el seis de abril del mismo año de 1909, designó al general don Juan E. Paredes para que recibiera y administrase, en nombre del Gobierno, el ferrocarril, muelle y faro de Puerto Cortés. Para que, AL RECIBIR los dichos ferrocarril, muelle y faro ENTREGASE al señor Valentine los setenta mil pesos oro convenidos en el contrato de rescisión, autorizándolo al mismo para negociar la expresada suma, y reservándose el Ministerio de Fomento el liquidar la cuenta del faro.

Ausente del país el señor Paredes, el 30 de abril inmediato el Gobierno nombró a don Jesús Paz para que "en su nombre y representación reciba del señor Valentine el ferrocarril y muelle referidos. DE ACUERDO CON LOS CONTRATOS O instrucciones de que se ha hecho referencia, autorizándole también para que nombre en su caso árbitros y peritos á que dichos contratos se refieren".

Llegado el momento de llevar á cabo lo estipulado en el contrato de rescisión, el señor Valentine se negó a entregar el ferrocarril, muelle y demás anexidades, fundándose en que la entrega debía verificarse "PREVIO PAGO DE LA CANTIDAD DE SETENTA MIL PESOS ORO" y en que "para el efecto de la entrega sólo don Juan E. Paredes es el representante legítimo del Gobierno".

Ante tal negativa, el entonces administrador de Rentas y de la Aduana de Puerto Cortés, general don Rafael López Gutiérrez, en nombre y por delegación del señor Fiscal General de Hacienda de la República, y el señor don Jesús Paz, por el Gobierno de Honduras, consignaron sendas protestas ante el Juez de Paz de Puerto Cortés, para consignar en ellas los hechos ocurridos y declinar las responsabilidades del caso en el Contratista. La protesta del representante del señor Fiscal General de Hacienda fué notificada, a su petición, ante testigos, y en su misma fecha, al señor Valentine.

En el día de mañana nos ocuparemos en ambas protestas.

## Las protestas por la falta de entrega

*Viernes, 6 de octubre de 1911.*

Dijimos en nuestro número último que a consecuencia de negarse el señor Valentine a cumplir con lo estipulado relativo a la entrega al Gobierno del ferrocarril, muelle y faro, fueron consignadas dos protestas ante el Juez de Puerto Cortés.

La una en nombre del señor Fiscal General de Hacienda, por el Administrador de Rentas y de la Aduana de Puerto Cortés, por estos motivos:

**Primero:** "Porque el señor Valentine ha faltado al cumplimiento de la obligación de entregar por inventario el ferrocarril nacional y muelle con todas las mejoras y dependencias en la fecha que señala el artículo 3º de la contrata de rescisión, fechada el 17 de marzo".

**Segundo:** "porque el contratista Valentine considera que la entrega del ferrocarril y muelle relacionados, debe verificarse previo pago de la cantidad de *setenta mil pesos oro,* cuando según lo estipulado en el número cuatro de la contrata antes dicha, el Gobierno está obligado a entregar al señor Valentine la suma prenotada al recibir los inmuebles referidos, previo el inventario de que se ha hecho mención anteriormente".

**Tercero:** "porque el contratista Valentine ha contravenido también a lo pactado en el artículo tercero del convenio, protestando que para el efecto de la entrega sólo don Juan E. Paredes es el representante legítimo del Gobierno, siendo que conforma lo establecido en dicho artículo 3º, el Gobierno quedó con libertad para designar la persona que deba recibir los inmuebles tantas veces referidos".

**Cuarto:** "Porque el señor Valentine no avisó al Gobierno estar listo para la entrega de los referidos inmuebles".

**Quinto:** Porque la falta de cumplimiento por el señor Valentine "origina" al Gobierno pérdidas y perjuicios procedentes del lucero cesante y del daño emergente y por las responsabilidades provenientes o que puedan sobrevenir con motivo de los arreglos que se hayan llevado a cabo con el Ministro de Su Majestad Británica y de que el señor Valentine tiene ya conocimiento".

**Sexto:** "Porque declarándose por sí y ante sí, el señor Valentine, relevado de las obligaciones que fe impone el contrato de rescisión y con derecho a continuar la reconstrucción y explotación

La otra protesta de que hablábamos ayer, consignada por don Jesús Paz, ante la misma autoridad, en representación del Gobierno de Honduras, el mismo treinta de abril de 1909, tuvo por fundamentos los que siguen:

"Que habiéndosele nombrado por acuerdo" de la misma fecha 30 de abril de 1909, emitido por el Poder Ejecutivo para recibir del señor Washington S. Valentine, el ferrocarril nacional y el muelle de Puerto Cortés, mejoras y dependencias, en cumplimiento del convenio celebrado entre el Gobierno y el expresado señor Valentine, el diez y siete de marzo del año en curso, entrevistó a éste con el objeto de hacerle presente que estaba listo para recibir el Muelle y el Ferrocarril expresados, de conformidad con las bases del convenio antes referido, excitándolo, en consecuencia, para que,
si el señor Valentine no tenía inconveniente, diera principio a las operaciones acto continuo, por medio del inventario que dicho señor debían tener elaborado de antemano: que el señor Valentine contestó, clara y categóricamente, que no podía entregar el referido Ferrocarril y Muelle, sin que antes se le pagaran setenta mil pesos oro a que el Gobierno se obligó según las estipulaciones del convenio de diez y siete de marzo del año en curso, agregando, además, que la facción del inventario la creía innecesaria mientras no se pagara la cantidad de que antes ha hecho mención".

Y así quedó el asunto entonces y así se encuentra en la actualidad; es decir en la actualidad las cosas han cambiado desde el punto de vista de que el ferrocarril se pierde ya por momentos por el deplorable estado en que se encuentra. Y no se digan que éste es debido a la inseguridad del señor Valentine en la continuación del arriendo, pues que bien sabe, por constar en el contrato, primero, que estaba constantemente dicho contrato amenazado de rescisión, por estar pendientes negociaciones sobre el ferrocarril para su reconstrucción y continuación hasta su término, y en segundo lugar, que las mejoras que hubiera hecho en el ferrocarril, lo mismo que el muelle y las suyas, serían reconocidas y pagadas por el Gobierno. Bien claro se dice esto y se dispone la forma del pago en el artículo $5^0$ del contrato de rescisión; pero no debe extrañar ese abandono después de tal contrato, ya que antes fué la misma cosa.

Ahora bien: ¿tuvo razón fundada el señor Valentine para negarse á la entrega? Es claro que no.

El artículo $4^0$ de la contrata de rescisión, disponía que: Al recibir el Gobierno los inmuebles referidos, entregará a Mr. Valentine la cantidad de setenta mil pesos oro americano. Es decir, *"do ut des"* doy para que dé… o en términos más vulgares, toma y daca.

La entrega del ferrocarril y del muelle y el pago de la indemnización debían ser actos correlativos; pero necesariamente la entrega había de preceder al pago. No realizada aquélla, no podía tener efecto éste. Como también si se hubiera efectuado la entrega y no el pago, la primera habría sido anulada por ese mismo hecho, y no es al señor Valentine a quien podía obscurecerse esto, con más el derecho que le habría asistido pura protestar y también para reclamar las consabidas y ya tradicionales indemnizaciones.

Con efecto, la frase, **al recibir** no deja duda alguna. Quiere decir *una vez recibido* o realizado el acto de la entrega.

Seguiremos en uno de los números inmediatos.

# Responsabilidades por el ferrocarril y el muelle

*Martes, 10 de octubre de 1911.*

Expuesto lo ocurrido al ir a hacerse efectivo el contrato de rescisión de los dos anteriores de arrendamiento del ferrocarril y de prórroga del de construcción y explotación del muelle, se ve bien claro también que nada hubo ni pudo haber en lo relatado, y de lo que dan cuenta las protestas respectivas, que pudiera servir de base a una reclamación hasta el momento en que el señor Valentine se negó a entregar el ferrocarril y muelle, con lo que ciertamente, lejos de adquirir derechos nuevos, incurrió en verdaderas responsabilidades, con más las que directamente le corresponden por haber dejado arruinar la vía y el material hasta el punto á que han llegado una y otro.

Por otra parte, por lo que hace al ferrocarril, no habiéndose realizado obras nuevas ni puesto tampoco otros materiales nuevos también al servicio del ferrocarril, no había lugar siquiera á que, conforme al artículo 14 de la contrata, se le pagaran por el Gobierno, mediante tasación de arbitradores nombrados uno por cada parte, las mejoras verificadas y los materiales puestos al servicio del ferrocarril. En cambio, el contratista era responsable, no sólo de la línea férrea con todo su material fijo y móvil, y todas sus anexidades, en el estado en que lo recibió, conforme á inventario, lo que según el mismo representaba un valor, el día de la entrega, conforme al cálculo hecho, de un *millón ciento cuarenta mil novecientos setenta y seis pesos plata con treinta y cinco centavos,* sino que también era responsable por la suma *de treinta y tres mil cuatrocientos veinte y ocho pesos noventa y cuatro centavos,* plata, valor efectivo, por las existencias en almacén, conforme también al inventario de entrega, su fecha 19 de agosto de 1908, en el que se consignó que el arrendatario, señor Valentine, estaba de acuerdo y aceptaba estos valores como verdaderos.

Por lo que respecta al muelle, en éste sí había y hay una cuenta liquida que se necesita cerrar y proceder a su liquidación, para que pueda verse quién debe a quién.

En números anteriores hemos publicado dos documentos oficiales de los funcionarios del Gobierno, señores Paredes y Velarde, en los cuales se hacía constar lo que adeudaba el señor Valentine al Gobierno por su utilidad correspondiente en el muelle de Puerto Cortés, en mayo de 1899, y no obstante que el señor Valentine, en carta reciente á persona de esta ciudad, asegura que tal deuda es ficticia, sin otra prueba que la afirmación con que lo dice, nosotros seguiremos creyendo en la exactitud de las cifras que hemos copiado y de las que vamos á copiar ahora, en sus fechas respectivas, en tanto que no se nos pruebe lo contrario; para lo cual, como procedemos de la mejor buena fe y sin prejuicio de ningún género, hemos ofrecido y volvemos a ofrecer nuestras columnas para las rectificaciones o aclaraciones ue se juzguen del caso, que insertaremos con el mayor gusto. Entre tanto, repetimos, debemos juzgar exactos y lo eran, repetimos también, en sus respectivas fechas, los que siguen, que reproducimos de un estudio recientemente publicado.

Desde abril de 1896 á mayo de 1899, resto de $ 23,258.13, rebajando $ 12.000 valor de la casa Aduana, según el artículo $2^0$ de la contrata, casa que no estaba construida en aquella fecha, $11.258.183.

Dichos $ 23.258.13, eran la mitad de lo correspondiente al Gobierno, $ 46.516.926, pagada ya la otra mitad.

No se han podido conseguir datos exactos de lo que corresponde desde la fecha indicada hasta el año de 1903, para el Gobierno.

| | |
|---|---|
| Neto de 1903 á 1904: | $ 44.470.24 |
| Neto de 1904 á 1905: | $ 47.824.78 |
| Neto de 1905 á 1906: | $ 48.198.02 |
| Neto de 1906 á 1907: | $ 44.205.49 |
| Neto de 1908 á 1909: | $ 45.870.08 |
| Neto de 1909 á 1910: | $ 66.601.54 |
| Neto de á abril 1911: | <u>$ $ 68.141.92</u> |
| | $414.612.73 |
| | |
| Corresponde al Gobierno la mitad: | $ 207.306. 36 |
| Promedio de esta suma al años es: | $ 25.913.29 |
| | |
| Correspondería, pues, a los años de 1899 á 1903, cuatro años: | $113,658.16 |
| | |
| Más el resto debido en 1899, sin contar con los meses de junio y julio: | $11.258.13 |
| | |
| Y lo correspondiente hasta abril de 1911: | $ 207.306.36 |
| | |
| **TOTAL:** | $.323.217.65 |

*Trescientos treinta y dos mil doscientos diez y siete pesos plata y sesenta y cinco centavos tres cuartos,* a los que habría que agregar la diferencia también entre el cálculo hecho y lo que corresponde al exceso cobrado desde abril! de 1908, inclusive, hasta marzo de 1909.

Contra esta suma el señor Valentine habría de presentar su cuenta para llegar á la liquidación de la anterior, y en la que como primera partida habría de figurar lo que se haya abonado a la compañía del Rosario, conforme á contrato especial con la misma, de los productos del muelle y las más sumas pagadas, si las ha habido. Pero también, en cambio, debería liquidarse la cuenta de faro, de la que hasta ahora no se ha dado dato ni detalle alguno.

Seguiremos mañana.

## Fin de la serie

*Jueves, 12 de octubre de 1911.*

Apuntamos de pasada a ver la cuenta del faro de Puerto Cortés, respecto de la que no poseemos ni hemos podido obtener dato ninguno. Sabemos, sí, la fecha en que empezó a funcionar el faro, que fué el 24 de octubre de 1898; y la en que empezó el contratista a cobrar el impuesto, que fué la de 19 de noviembre del mismo año. Ambas constan en un telegrama del general don Juan E. Paredes, administrador de Rentas y de la aduana de Puerto Cortés, dirigido, el 6 de febrero de 1899, al entonces ministro de Fomento, don Francisco Altschul. Decía así el telegrama:

"El faro de este puerto funciona desde el 24 de octubre del año pasado; la compañía no ha pasado ningún aviso oficial á esta oficina ni á la comandancia de este puerto; pero comenzó a cobrar el impuesto desde el 1% de noviembre del mismo año".

El impuesto á que se refiere el telegrama anterior fué señalado en la concesión que otorgó el Gobierno al señor Jorge J. Scott, el 4 de marzo de 1896, en el artículo $4^0$, bajo la forma de un derecho que debería cobrar el contratista, conformándose con las leyes marítimas, de seis y tres cuartos centavos por cada tonelada, a toda embarcación de más de diez toneladas de registro.

Esta concesión fué por doce años, por lo cual terminaba el 4 de marzo de 1908. Las condiciones de la prórroga, si la ha habido, no las conocemos.

Hemos llegado al término del trabajo que nos propusimos realizar, y creemos haber demostrado, de manera clara y terminante, la falta de fundamento que habría: $1^0$, para restablecer la reclamación del Sindicato de Honduras; $2^0$, para cimentar una reclamación por parte del señor Valentine. Apelamos al fallo imparcial de toda persona desapasionada para que decida sobre lo que decimos.

Bajo aspecto alguno, en los negocios del señor Valentine, es el caso de reclamación. Es por el contrario el de una liquidación de cuentas no realizada hasta ahora, terminada la cual, entregado también el ferrocarril y muelle con sus anexidades al Gobierno, y liquidada al mismo tiempo su situación, pague el que deba y concluya el asunto conforme á lo que exigen la razón y la justicia.

Hasta aquí la falta de fundamento del señor Valentine para las reclamaciones repetidas á que aludía el *Times Democrat,* de Nueva Orleans; pero no podemos dar de manos á este asunto sin llamar la atención, por último, hacia la falta de derecho del dicho señor para emprender el camino que supone el periódico aludido que ha escogido.

En artículo 21 de la contrata del ferrocarril, dice claramente que "en ningún caso podrá el contratista ocurrir á la vía diplomática, la cual renuncia, para reclamar algo que se relacione con el presente contrato ó que dé él se origine".

Podrá discutirse si el señor Valentine tuvo o no facultad para renunciar un derecho que podría alegarse, es irrenunciable; pero no hemos de hacerlo por ser innecesario.

Es bien sabido que la vía diplomática no procede sino cuando se han agotado todos los recursos legales. Es decir, en el caso único de denegación de justicia. ¿Es éste el del señor Valentine?

Ninguna solicitud ha presentado para que se le reconozca algún derecho, que se le haya negado. Ningún recurso ha entablado ante autoridades o tribunales en que la ley se haya violado. Tampoco ha hecho ni emprendido gestión alguna para reposición de algún agravio; nada absolutamente.

El señor Valentine ni administrativa ni judicialmente tiene ni ha tenido, desde 1909, fecha de la contrata de rescisión, gestión o demanda alguna entablada ni pendiente ni ha recaído en asunto en que sea interesado, acuerdo, resolución ó fallo que le sea favorable ni tampoco adverso. Falta, pues, desde este punto de vista, la base para una reclamación cualquiera: la denegación de justicia. Falta el perjuicio causado por flagrante violación de la ley, perjuicio que no ha existido ni podido existir.

Lo que ocurre y ha ocurrido en realidad de verdad, es que el señor Valentine ha estado y está en posesión del ferrocarril y del muelle, sin derecho alguno, tanto por no haber cumplido con los tratos de 16 de julio de 1908 y de 20 de agosto de 1907 cuanto por que el contrato de rescisión, de 17 de marzo de 1909, dió "por canceladas y de ningún valor las contratas que se rescinden", desde luego sin condición ni término alguno é independientemente de las demás condiciones de la misma contrata.

Que en posesión de ambas empresas las ha explotado y explota á su favor sin atender a otra cosa que á esa misma explotación ni preocuparse con los inmuebles respectivos, ni tampoco con el material que les pertenece, que han llegado unos y otro a un estado de completa ruina, coa la responsabilidad consiguiente para el señor Valentine.

Preguntamos nosotros ahora a quienes también de buena fe, desinteresada e imparcialmente nos hayan seguido en esta nuestra larga excursión por el laberinto del Negocio Valentine, ¿cuáles son y a quién pertenecen los intereses lesionados y a quién se deberán indemnizaciones y reparaciones, al Gobierno de Honduras o al contratista, señor Valentine?

Por otra parte. Si el señor Valentine ha creído o cree lesionados sus derechos, natural es que emprenda el camino legal y agote los recursos que éste le ofrece, antes de proceder por la vía diplomática.

En el caso actual, en los contratos, que son estos, como todos los contratos civiles, leyes ineludibles entre las partes, tanto en el de arrendamiento del ferrocarril, en el artículo 22, como en el de prórroga de la contrata del muelle de Puerto Cortés, en el artículo 14, se dispone terminantemente que "en caso de descuerdo entre el Gobierno y el Contratista, por falta de cumplimiento de este contrato, en cualquiera de sus partes, se someterán las diferencias a la decisión de dos amigables componedores", dictándose después en el contrato del ferrocarril, todas las disposiciones conducentes á la realización del arbitraje".

Parece natural que a este procedimiento pactado por él y aun propuesto también por él mismo; fuera al que el señor Valentine recurriera antes de dar otros pasos, que en el caso de que fueran ciertos, sería de esperar que no dieran otro resultado que un consejo para que usara de sus derechos hasta agotar los recursos legales de que ciertamente puede disponer, hasta llegar al caso posible, pero no probable, de la reclamación diplomática, si la justicia le era denegada.

Ya lo hemos dicho en otra ocasión: no es el que más chilla el que tiene la razón. En el caso actual así ocurre. La calma con que procede el Gobierno, su prudente actitud para dar espacio al señor Valentine a volver sobre sus pasos y a que emprenda el camino de la razón y de las leyes, que es el mismo que él se trazó en sus contratas, demuestran hasta la evidencia de qué lado está la justicia. Seguro que se la hará a Honduras y á su Gobierno la opinión pública despreocupada é imparcial.

## Ampliacion: El Faro de Puerto Cortés

El asunto del faro de Puerto Cortés aparece incompleto en los artículos que anteceden, por lo cual no resulta clara la responsabilidad de los concesionarios, ni siquiera si la tienen pecuniaria con relación á la Hacienda Pública, por más que se habla de tal responsabilidad.

Es debido esto á que para el artículo respectivo, que fue inserto en el número 32 de *El Observador,* correspondiente al jueves 7 de septiembre de 1911, como puede verse en las páginas que anteceden, bajo el título de "Concesión para un faro" y en dos ocasiones siguientes, en el número 57, del martes 10 de octubre de este mismo año, y en el número 59, del jueves 12 de octubre siguiente, se tuvo á la vista únicamente el acuerdo de concesión de 4 de marzo de 1896 y no el decreto de su aprobación por el Congreso, fecha veinte y nueve de enero de 1897, con el cual tiene aquel diferencias esenciales.

Fueron estas: el término de la concesión que en el acuerdo respecto de ella se fijó, en el artículo $1^0$, en doce años, por el decreto aprobatorio del Congreso, quedó reducido a DIEZ AÑOS. Contándose estos desde la fecha del repetido decreto, o sea desde el 29 de enero de 1897, tenemos que la concesión terminó el 29 de enero de 1907, y no sabemos que haya sido prorrogada.

En el acuerdo se reconoció al concesionario el "derecho a cobrar, conformándose á las leyes marítimas, á toda embarcación de más de diez toneladas de registro, la suma de seis y tres cuartos centavos por cada tonelada".

En el artículo $4^0$ del repetido decreto se reconoció al concesionario el mismo derecho; pero se proveyó a dar destino á dicho derecho en esta forma: "CORRESPONDIENDO DURANTE UN AÑO CUATRO MESES TODO EL PRODUCTO DEL IMPUESTO AL SEÑOR SCOTT (el concesionario); PERO EN LOS AÑOS SUCESIVOS CORRESPONDERÁN DOS CENTAVOS Á LA HACIENDA PÚBLICA, SIN QUE POR ELLOS TENGA QUE CONTRIBUIR EN NINGÚN GASTO; Y LOS CUATRO Y UN CUARTO RESTANTES, AL CONCESIONARIO".

En el artículo $5^0$ del mismo decreto se establece que "al fin de cada mes el señor Scott entregará á la Hacienda Pública la parte que le corresponde, debiendo el Gobierno inspeccionar, por medio de sus empleados, la cuenta del producto bruto percibido".

Deseosos de saber la situación de este negocio, procuramos adquirir los datos respectivos, que son los que se contienen en la comunicación oficial que sigue.

Lo que no hemos podido poner en claro es por qué el faro sigue en poder del contratista, vencida su contrata, como ya se ha dicho, el 29 de enero de 1907, y no habiendo constancia de que haya sido prorrogada.

# República de Honduras. Oficina de Centralización de Cuentas.

Tegucigalpa, 27 de noviembre de 1911.

Sr. Ministro:

De conformidad con la orden del Ministerio de Hacienda tengo el honor de enviar a Ud. los datos relativos al producto obtenido del Faro de Puerto Cortés, desde el año 1898 hasta la fecha. por la parte que al Gobierno corresponde.

En los años de 1898 hasta 1901, no hubo ningún ingreso; pero en los años económicos de 1902 a 1911, ingresó la suma de $24.833.24 en la forma siguiente:

## 1902-1903

Ingreso en julio, por abril, mayo. junio y julio $ 3.694.09

## 1903-1904

| | |
|---|---|
| Agosto ............$ | 200.69 |
| Septiembre .. | 290.52 |
| Octubre ............ | 261.04 |
| Noviembre............ | 191.98 |
| Diciembre ............ | 238.84 |

Van............$ 1.183.07  $ 3.694.09

|  |  |  |
|---|---:|---:|
| Vienen ................$ | 1.183.07 | $ 3.694.09 |
| Enero........................ | 221.50 | |
| Febrero..................... | 239.26 | |
| Marzo....................... | 318.22 | |
| Abril ....................... | 268.26 | |
| Mayo........................ | 275.56 | |
| Junio........................ | 231.24 | |
| Julio........................ | 277.80 | $ 3.024.91 |

### 1904-1905

|  |  |  |
|---|---:|---:|
| Agosto ...................$ | 211.68 | |
| Septiembre ................ | 270.38 | |
| Octubre .................... | 202.36 | |
| Noviembre................. | 207.94 | |
| Diciembre.................. | 229.74 | |
| Enero....................... | 153.34 | |
| Febrero..................... | 265.74 | |
| Marzo, abril y mayo (pdo. en mayo) | 744.46 | |
| Junio........................ | 157.76 | |
| Julio........................ | 89.68 | $ 2.533.08 |

### 1905-1906

|  |  |  |
|---|---:|---:|
| Agosto ...................$ | 121.26 | |
| Septiembre ................ | 44.32 | |
| Octubre..................... | 186.60 | |
| Noviembre.................. | 196.16 | |
| Diciembre................... | 237.58 | |
| Enero....................... | 205.52 | |
| Febrero..................... | 206.20 | |
| Marzo....................... | 267.92 | |
| Abril........................ | 253.58 | |
| Mayo........................ | 217.42 | |
| Junio........................ | 282.80 | |
| Julio........................ | 247.70 | $ 2.467.06 |

### 1906-1907

|  |  |  |
|---|---:|---:|
| Agosto ...................$ | 274.00 | |
| Septiembre ................ | 242.36 | |
| Octubre..................... | 139.54 | |
| Van ..................$ | 655.90 | $ 11.719.14 |

|  |  |  |
|---|---:|---:|
| Vienen.............$ | 655.90 | $ 11.719.14 |
| Noviembre................ | 235.10 | |
| Diciembre............... | 183.04 | |
| Enero................... | 148.18 | |
| Febrero................. | 213.96 | |
| Marzo................... | 198.32 | |
| Abril................... | 232.78 | |
| Mayo.................... | 251.62 | |
| Junio................... | 214.22 | |
| Julio................... | 191.90 | $ 2.525.02 |

### 1907-1908

|  |  |  |
|---|---:|---:|
| Agosto.................. | 241.88 | |
| Septiembre.............. | 177.22 | |
| Octubre................. | 215.80 | |
| Noviembre............... | 242.34 | |
| Diciembre............... | 247.36 | |
| Enero................... | 148.96 | |
| Febrero................. | 81.48 | |
| Marzo................... | 260.04 | |
| Abril................... | 221.38 | |
| Mayo.................... | 263.28 | |
| Junio................... | 282.08 | |
| Julio................... | 221.98 | $ 2.603.80 |

### 1908-1909

|  |  |  |
|---|---:|---:|
| Agosto.................. | 228.96 | |
| Septiembre.............. | 205.56 | |
| Octubre................. | 241.40 | |
| Noviembre............... | 161.46 | |
| Diciembre............... | 179.12 | |
| Enero................... | 163.34 | |
| Febrero................. | 263.40 | |
| Marzo................... | 219.38 | |
| Abril................... | 268.78 | |
| Mayo ⎫ | 262.26 | |
| Junio ⎬ pagados en Julio | 257.42 | |
| Julio ⎭ | 239.42 | $ 2.690.50 |
|  |  | $ 19.538.46 |

|  | Vienen | | $ 19.538.46 |
|---|---|---|---|

### 1909-1910

|  | | |
|---|---|---|
| Agosto | | |
| Septiembre | 399.24 | |
| Octubre | 128.62 | |
| Noviembre | 176.08 | |
| Diciembre | 158.44 | |
| Enero | 145.74 | |
| Febrero | 235.14 | |
| Marzo | 241.30 | |
| Abril | 266.98 | |
| Mayo | 277.28 | |
| Junio | 302.00 | |
| Julio | 225.36 | $ 2.556.18 |

### 1910-1911

|  | | |
|---|---|---|
| Agosto | 294.54 | |
| Septiembre | 230.74 | |
| Octubre | 215.28 | |
| Noviembre | 225.88 | |
| Diciembre | 170.94 | |
| Enero | 170.94 | |
| Febrero | 270.22 | |
| Marzo | 269.68 | |
| Abril | 257.72 | |
| Mayo | 323.86 | |
| Junio | 308.80 | |
| Julio | | $ 2.738.60 |

| | Suma | | $ 24.833.24 |
|---|---|---|---|
| | Además, en agosto del presente año económico, hubo un ingreso correspondiente á julio, año anterior, de | $ 250.94 | |
| | En septiembre, por agosto | 246.04 | 496.98 |
| | Total | | $ 25.330.22 |

Por lo que respecta al tonelaje de los vapores, esta Oficina no puede suministrar ningún dato por falta de documentos.

Soy de UD. muy atto. y S.S.

(F) S. VARGAS Z

Señor Ministro de Fomento

P.

# Apéndice

Para la mejor inteligencia y comprobación de lo que antecede se insertan en este APÉNDICE varios documentos que se han creído pertinentes.

## Contrata sobre el ferrocarril, celebrada el 5 de mayo de 1900 con el "Honduras Syndicate."

DECRETO NUMERO $2^0$

El Congreso Nacional [1]

**DECRETA:**

**Artículo único.**— Aprobar en los siguientes términos la contrata celebrada entre el Poder Ejecutivo y Mr. John E. Bleekman, como representante de *The Honduras Syndicate.* —Tegucigalpa: 5 de mayo de 1900. —Con vista de la contrata que literalmente dice: — "Francisco Altschul, Secretario de Estado en el Despacho de Fomento y Obras Públicas, en nombre del Gobierno de Honduras, quien en adelante se llamará *el Gobierno,* por una parte, y John E. Bleekman, en representación de la compañía *Honduras Syndicate,* y ampliamente autorizado por esta, quien en lo sucesivo se llamará *el Sindicado,* por otra, han celebrado la contrata siguiente:

**Artículo $1^0$**—El Gobierno y el Sindicado formalmente convienen en dar por terminada en absoluto la contrata sobre Ferrocarril Interoceánico, Arreglo de la Deuda Extranjera y Establecimiento de un Banco, celebrada con fecha 27 de marzo de 1897, la cual fué aprobada en decreto $N^o$ 120, emitido por el Congreso Nacional con fecha cinco de abril de dicho año. En consecuencia, ambas partes, el Gobierno y el Sindicado, se comprometen a no hacer ni llevar adelante ningún reclamo, ni exigir indemnización de ningún género,

---

[1] La Gaceta, serie 190. Tegucigalpa 15 de junio de 1900. $N^o$ 1891.

por razón de la contrata que hoy dan por terminada, en cuanto tal reclamo o indemnización se refieran a falta de cumplimiento o hechos anteriores a la fecha de hoy.

**Art. 2⁰**—El Gobierno da en arriendo al Sindicado, por el término de veinticinco años, contados desde la fecha en que esta contrata fuere aprobada por el Congreso Nacional, la primera sección del Ferrocarril Interoceánico construida desde Puerto Cortés hasta La Pimienta, en el estado en que se encuentre en aquella fecha, juntamente con las estaciones, talleres, casas y otros edificios que a ella pertenezcan; lo mismo que los puentes, apartaderos, caminos, embarcaderos, plataformas giratorias y el material fijo y rodante, como máquinas, rieles, herramienta, carros, locomotoras, etc., y todo el equipo; y finalmente, el terraplén y derecho de tránsito en la expresada sección, bajo las condiciones siguientes:

a) El Sindicado se compromete á pagar anualmente al Gobierno, y á satisfacción de éste, por el arrendamiento indicado, la suma de quince mil pesos oro americano o su equivalente; debiendo hacerse el pago durante el primer mes de cada año. La primera anualidad se deberá satisfacer dentro de treinta días, contados desde la aprobación de esta contrata.

b) El Sindicado se obliga á reconstruir, dentro de los cuatro años siguientes a la aprobación de esta contrata, la expresada sección del Ferrocarril Interoceánico: y dentro de los dos primeros años, a construir el puente sobre el río Ulúa y a reconstruir el del Chamelecón. La altura de los puentes sobre el Ulúa y el Chamelecón será tal, que no se impida la navegación por dichos ríos.

c) Será obligación del Sindicado proveer el ferrocarril de los carros y vagones y todo el equipo necesario para el buen funcionamiento y servicio de la línea férrea.

d) El Sindicado deberá sujetarse, en cuanto al manejo en general de la línea a la tarifa y conducción de pasajeros y carga, a las estipulaciones contenidas en la presente contrata.

e) El Sindicado se compromete á conservar y mantener por su cuenta en buen estado de servicio la sección del ferrocarril que se le da en arrendamiento.

El referido término de veinticinco años por el cual se da en arrendamiento la sección de ferrocarril de que trata este artículo, será prorrogable por mutuo convenio del Gobierno y el Sindicado, bajo los mismos términos de la presente contrata.

**Art. 3$^0$**—Esta contrata se rescindirá y quedará sin efectos por falta de cumplimiento de cualquiera de las condiciones expresadas en el artículo anterior, lo mismo que por el hecho de no construirse la sección de ferrocarril del Ulúa a Comayagua, de que se trata en adelante. En caso de rescindirse o quedar sin efecto esta contrata, el Sindicado no podrá reclamar indemnización por razón de mejoras hechas al ferrocarril que se le da en arrendamiento, y lo devolverá al Gobierno sin gravamen alguno. Por falta de cumplimiento de las condiciones *a* y *b*, la rescisión se efectuará de hecho y sin necesidad de declaración arbitral.

**Art. 4$^0$**—El Gobierno otorga al Sindicado el derecho de construir, poseer, mantener y hacer funcionar un ferrocarril que, partiendo del río Ulúa y pasando por la ciudad de Comayagua, llegue hasta un punto en la Bahía de Fonseca, concediéndole libremente una faja de terreno de treinta metros de anchura a cada lado de la vía, ya sea de terrenos nacionales, municipales o particulares, siendo obligación del Gobierno indemnizar el valor de los terrenos expropiados; y del Sindicado, pagar, de conformidad con la ley, el valor de las construcciones, mejoras oo cultivos que en ellos existan.

La anchura de la faja de terreno aludida se reducirá a la mitad cuando la vía pase por las poblaciones ya establecidas, excepto en los casos en que sea absolutamente necesario para establecer estaciones, talleres, etc.

También concede el Gobierno al Sindicado el derecho de construir, para uso de la empresa de ferrocarril, en los ríos por donde pase la vía, puentes, muelles y embarcaderos, con tal que no se impida la navegación; lo mismo que el derecho de utilizar como fuerza motriz, para uso del ferrocarril, el agua de dichos ríos, pero no de un modo exclusivo y siempre que no se impida la navegación.

**Art. $5^0$**— El Sindicado podrá emitir bonos sobre el ferrocarril que construya desde el Ulúa hasta la Bahía de Fonseca, a medida que vaya construyéndose y abriéndose al servicio público, hasta por una suma igual al costo de la construcción de la línea, que será de nueve a diez y siete mil pesos oro americano por cada kilómetro

Dichos bonos no afectarán en manera alguna la sección de ferrocarril arrendada de Puerto Cortés á La Pimienta, y el Gobierno no responderá por el pago del principal ni de los intereses de tales bonos ú obligaciones, y únicamente los reconocerá como una primera hipoteca del ferrocarril construido del Ulúa a la Bahía de Fonseca y de las propiedades del Sindicado en esta línea.

También podrá el Sindicado tomar dinero a préstamo y arreglar otras medidas financieras para la empresa del ferrocarril que se compromete a construir; tendrá facultad para comprar y vender terrenos, poseer, vender y explotar minas, ú ocuparse en cualquier otro negocio lícito que le parezca conveniente para el desarrollo de las riquezas de los terrenos contiguos al ferrocarril, todo esto con sujeción a las leyes de Honduras; pero los negocios, arreglos o empresas del Sindicado no se considerarán como parte del ferrocarril para el efecto de las franquicias y privilegios que por éste se conceden.

**Art. $6^0$**— Al estar construido el ferrocarril hasta Comayagua, dentro del término señalado al efecto, y una vez cumplidas las obligaciones contenidas en los incisos *a, b, c* y *d* del artículo $2^0$ de esta contrata, el Sindicado tendrá derecho de construir un ferrocarril que, partiendo de Omoa o de otro punto de la Costa Norte situado entre Omoa y Chamelecón se dirija hacia el Sur, llegue a un punto del río Ulúa; este ferrocarril podrá ser paralelo a la línea férrea existente entre Puerto Cortés y La Pimienta. Este derecho durará 15 años y no podrá afectar concesiones o contratas hechas por el Gobierno antes de que el Sindicado dé principio a la construcción de dicho ferrocarril, el cual tendrá las obligaciones y gozará de los privilegios estipulados en esta contrata, excepto en lo referente a concesión de terrenos.

Cualquier otro ferrocarril, de rumbo distinto, que se construya, podrá terminar en el punto de la Costa Norte donde concluya la línea férrea que por este artículo tiene derecho a construir el Sindicado; asimismo ésta podrá ser cruzada por otro ferrocarril.

**Art. 7⁰.** — El Gobierno concede al Sindicado, por el término de veinticinco años, el derecho de construir ramales o vías férreas laterales que enlacen con el ferrocarril; pero si dentro de dicho término alguna persona o compañía propusieren construir algún ramal y la propuesta fuere aceptable para el Gobierno, el Sindicado deberá resolver, dentro de tres meses, desde que le fuere notificada la propuesta, si opta por construirlo él en igualdad de condiciones, y en caso afirmativo tendrá el derecho de preferencia. En caso de que dentro de los veinticinco años antes indicados, algún individuo, sociedad o empresa pidieren que se construya algún ramal, el Sindicado estará obligado a hacerle, con tal que el individuo, sociedad o empresa garanticen el producto anual de un seis por ciento del costo del ramal.

Para la construcción de ramales de más de ochenta kilómetros, el Sindicado deberá obtener previamente el consentimiento del Gobierno.

Los derechos concedidos al Sindicado en el presente artículo se entienden sin perjuicio de concesiones o contratas celebradas con anterioridad.

**Art. 8⁰**— El Sindicado se obliga a formar y publicar un reglamento del ferrocarril, que se someterá previamente a la aprobación del Gobierno, y una tarifa de los pasajes y fletes que hayan de cobrarse. El reglamento se sujetará a las leyes del país, y en la tarifa no se podrá establecer, sin el previo y expreso consentimiento del Gobierno, precios más altos que la proporción por milla de la tarifa actual para la primera sección del ferrocarril, tomando por base de equivalencia en oro americano el cambio de cien por ciento de premio, exceptuándose de esta disposición los pasajeros y fletes interoceánicos. El servicio y la tarifa del ferro- carril y sus ramales construidos por el Sindicato, deberán ser iguales para todos, sin favoritismo de ninguna clase, y el Sindicato se obliga a conducir toda la carga que se le presente, en el mismo o al siguiente día, bajo la pena de pagar al Gobierno, por cada infracción de lo estipulado en este artículo, una multa de quinientos pesos oro americano, sin perjuicio de indemnizar debidamente al perjudicado con la demora.

No obstante lo anteriormente indicado, el Gobierno tendrá derecho y el Sindicato se obliga a reducir los precios de la tarifa del ferrocarril y sus ramales para el flete de los productos naturales de Centro América, o los de aquellas industrias cuyo desarrollo se trate de fomentar en el país, así como el de los materiales que ocupen empresas favorables al progreso de la Nación, hasta donde sea compatible con los intereses de esas industrias o empresas; pero sin que en ningún caso se pueda obligar al Sindicato a bajar los precios a menos del costo del servicio y un veinticinco por ciento adicional.

También el Sindicato podrá reducir los precios de las tarifas para uno ó más productos o artículos, pero esta reducción no se podrá hacer solamente en favor de persona ó empresa determinada, sino que aprovechará por igual a todos los que trasporten dichos productos ó artículos.

El Reglamento y la tarifa del ferrocarril y ramales serán anunciados al público permanentemente en todas las estaciones de la línea férrea, y publicados además, una vez al mes, en el periódico oficial. Cualquier cambio que haya de hacerse en ellos se notificará de igual manera con treinta días de anticipación.

**Art. 9°.** —El Sindicato se obliga a conducir gratis en los trenes ordinarios, tanto de la sección arrendada como del ferrocarril construido por el Sindicato y sus ramales, o en cualquier parte de ellos, a los miembros principales de los Poderes Ejecutivo, Legislativo y Judicial del Estado, a los agentes Diplomáticos, a los Gobernadores, Comandantes departamentales, Magistrados y Jueces de Letras, y a los Comandantes y Administradores de Aduana de los puertos, siempre que los funcionarios mencionados viajen en su carácter oficial. También se compromete el Sindicato á conducir gratis, por el término de quince años, en los trenes ordinarios, el correo nacional y sus conductores, lo mismo que los militares del Ejército Nacional y tropas del Gobierno. Los demás empleados civiles del Gobierno que presenten debida constancia de su posición oficial, serán conducidos por la mitad del valor de los pasajes establecidos para los particulares.

El trasporte de tropas únicamente se hará mediante aviso telegráfico o epistolar del Comandante General del Ejército o del Ministro de la Guerra; pero en casos urgentes, o en que por estar interrumpidas las comunicaciones no fuere posible al Comandante General del Ejército o al Ministro de la Guerra dar el aviso, deberá el Sindicado conducir las tropas del Gobierno con solo la petición que le haga un empleado de éste.

El Sindicado se obliga, además, a proveer gratis trenes especiales ó extraordinarios y a conducir en ellos, también gratis, las tropas del Gobierno, siempre que lo pida el Comandante General del Ejército ó el Ministro de la Guerra.

Después del término de quince años, antes mencionado, la conducción del correo nacional y tropas se hará por la mitad de los precios que se cobren aA los particulares.

Las especies fiscales del Estado y todos los objetos, materiales o artículos de cualquiera clase que sean, pertenecientes al Gobierno o destinados al servicio público, serán conducidos sobre todo o cualquiera parte del ferrocarril o sus ramales en los trenes ordinarios, por la mitad del valor del flete que se establezca para igual servicio que se haga á los particulares; debiendo, en todo caso, presentarse al Sindicado los conocimientos de remisión debidamente firmados por las autoridades correspondientes.

**Art. 10.**—Para la construcción del ferrocarril del Ulúa a la Bahía de Fonseca, el Gobierno concede al Sindicado una área de terrenos nacionales libres, en lotes de cinco kilómetros cuadrados, or cada kilómetro de ferrocarril que construya y abra debidamente al servicio público. Dichos terrenos serán medidos por Agrimensores o Ingenieros nombrados por el Gobierno propuesta del Sindicado, en lotes alternados a cada lado con otro igual para aquél, debiendo el

Sindicado pagar todos los gastos de mensura, tanto de los lotes que le correspondan como de los alternados que se reserva el Gobierno.

El Sindicado tendrá derecho durante cinco años, desde la aprobación de esta contrata, de escoger los terrenos nacionales que haya de adquirir en virtud de este artículo; pero no podrá escoger aquellos terrenos que conforme a la ley no se puedan enajenar ni los lotes reservados al Gobierno por cualquiera concesión o contrata. El derecho de escoger los terrenos que se otorga al Sindicado, no impedirá a otra persona o compañía el ejercicio de igual facultad que se haya estipulado en contratas o concesiones anteriores.

Dentro del expresado término de cinco años, el Gobierno se obliga á no enajenar ni conceder los terrenos nacionales libres que existan dentro de veinticinco kilómetros á cada lado del ferrocarril: y para este efecto, deberá el Sindicado depositar en el Ministerio de Fomento, en debida forma, el trazo de la línea férrea

El Sindicado recibirá, si lo solicita, títulos provisionales por los terrenos que escoja, al estar medidos; y dichos títulos se cambiarán por definitivos por la cuarta parte de los lotes respectivos al estar construidos y abiertos al servicio público cada cinco kilómetros de ferrocarril y por las otras tres cuartas partes de los lotes, en la parte correspondiente, al llegar el ferrocarril a Comayagua. Los títulos provisionales del resto de los terrenos se cambiarán por definitivos al estar debidamente construido el ferrocarril hasta la Bahía de Fonseca.

Art. 11.—El Sindicado recibirá con título definitivo, después de aprobada esta contrata por el Congreso Nacional, a cuenta de los terrenos que debe obtener por el artículo anterior, tres mil hectáreas de terreno nacional libre, en los alternados de quinientas hectáreas para el Gobierno y el Sindicado, conforme al artículo 10, tan pronto como estén escogidas y medidas, con la obligación de destinar desde luego dichos terrenos á siembras y plantaciones agrícolas. El Gobierno sólo reconoce la enajenación de los terrenos cuando se hiciere con título definitivo de propiedad.

Los poseedores de terrenos con título provisional podrán, en caso de caducidad de la contrata, hacerlos suyos, sin más trámite que el pago de su valor legal.

**Art. 12.**—El Gobierno otorga al Sindicado el derecho y autorización para cortar y extraer libremente de los terrenos pertenecientes al Estado, todas las maderas necesarias para la construcción y mantenimiento del ferrocarril y sus anexos, lo mismo que para extraer y utilizar en el mismo objeto los demás materiales de construcción, como piedra de cal, mármol, arena, arcilla, etc., que se hallen en dichos terrenos; todo lo cual se entiende sin perjuicio de los derechos previamente adquiridos por otras personas.

**Art. 13.**—El Gobierno concede al Sindicado la autorización para importar al Estado, libre de derechos aduaneros y de toda clase de impuestos fiscales y municipales, marítimos y terrestres, establecidos o por establecer, todas las máquinas, carros, herramientas, rieles, y en general, todos los artículos y materiales necesarios para construir, equipar, proveer, mantener, administrar y explotar el ferrocarril con todas sus dependencias; entendiéndose, sin embargo, que esta autorización no comprende aquellos artículos u objetos cuya importación esté monopolizada o prohibida en virtud de leyes vigentes á excepción de la dinamita y otros explosivos que podrán ser introducidos en la cantidad que exijan las necesidades de la empresa; quedando aquellos, en cuanto a su importación, conservación y administración, sujetos a las disposiciones reglamentarias que dicte el Poder Ejecutivo.
El Sindicado queda además, autorizado para introducir libremente las provisiones de boca, exceptuándose vinos y licores, y los vestidos de trabajar que necesite para suministrar á los empleados y operarios del ferrocarril, durante el tiempo de la construcción.

**Art. 14.**—El Sindicado tendrá derecho de hacer venir al país, para emplearlos en la empresa del ferrocarril ó en el cultivo de sus terrenos, operarios o colonos extranjeros, con excepción de Chinos, coolíes y negros; pero respecto á estos últimos, puede el Sindicado traerlos con expreso consentimiento del Gobierno. Dichos operarios y colonos estarán exentos durante diez años, contados desde su llegada, de toda contribución personal de carácter nacional, y tendrán derecho a introducir, libre de todo impuesto, todos los objetos y muebles de su uso particular que traigan al llegar, lo mismo que los materiales que necesiten para construir sus casas de habitación y dependencias; pero sujetándose en cuanto al uso que hagan de estas franquicias, á los reglamentos que expida el Gobierno.

**Art. 15.**—Los empleados y operarios de nacionalidad hondureña o nacionalizados, que ocupe el Sindicado en la empresa del ferrocarril, gozarán, en tiempo de paz, de la exención del servicio militar, mientras estén en el servicio de la empresa. En tiempo de guerra, la exención será solamente para los operarios indispensables para hacer operar el ferrocarril, sin que su número pueda exceder del ocupado habitualmente en tiempo de paz.

**Art. 16.**—El Gobierno otorga al Sindicado, durante el tiempo de la construcción del ferrocarril, la propiedad exclusiva de todas las vetas o depósitos de metales útiles y preciosos, o de cualquiera clase de sustancias minerales que se descubran al abrir el camino, con tal que el Sindicado los denuncie dentro de dos años contados desde la fecha del descubrimiento, y se sujete, en cuanto a la adquisición, explotación y pago de la patente de ellos, á las leyes especiales vigentes en el país o a las que en lo sucesivo se dicten sobre minas. Se entiende, sin embargo, que esta concesión no perjudicará en manera alguna los derechos de terceros que con anterioridad se hubieren adquirido, y los del Estado reservados por la ley.

**Art. 17.**— El Sindicado tendrá el derecho de construir, mantener y usar en todo el trayecto de la línea férrea, líneas telégraficas y telefónicas destinadas al uso exclusivo del ferrocarril, las cuales no podrán, por tanto, servir directamente al público, sino mediante previo arreglo con el Gobierno.

**Art. 18.**— El Gobierno declara que los pasajeros y las mercancías ó artículos de cualquier clase, excepto el ganado mayor, que conduzcan ó trasporten por el ferrocarril, de mar á mar y en tránsito internacional, no estarán sujetos al pago de derechos de aduanas o a otros impuestos, gravámenes o contribuciones fiscales, departamentales o locales. Tampoco pagarán derecho alguno directo a la Nación, los pasajeros mercancías por el hecho de ser conducidos por el ferrocarril o parte de él, ni el Sindicado, por razón de dichos pasajeros mercancías, o por los dineros recibidos por el valor de los pasajes o fletes, ni por el hecho de poseer y administrar el ferrocarril del Ulúa a la Bahía de Fonseca y sus dependencias; pero esta cláusula no exenciona de manera alguna a los pasajeros y mercancías del pago de aquellos derechos ó impuestos ordinarios de puerto ú otros cargos a que estén sujetos los buques mercantes que tocan en los puertos de uno y otro mar.

**Art. 19.**— El Gobierno exenciona del pago de todo derecho de puerto á los buques pertenecientes al Sindicado oo fletados por él para la conducción de materiales y provisiones del ferrocarril o de las empresas pertenecientes al Sindicado, como también á los que conduzcan empleados, operarios o colonos contratados para los mismos objetos: pero si éstos buques condujeren otros pasajeros o mercancías, pagarán en proporción los impuestos correspondientes a las demás embarcaciones. La exención concedida en este artículo a los buques del Sindicado ó fletados por él, no comprende los derechos de puerto que otras personas o compañías tengan derecho á cobrar por contratas o concesiones especiales.

**Art. 20.**— El Gobierno afirma y declara que esta contrata debe ser considerada, interpretada y mantenida como una concesión, contra cualquiera otra compañía ferrocarrilera, otorgada al Sindicado, sus sucesores ó asignatarios, para construir, mantener y explotar un ferrocarril del Ulúa á la Bahía de Fonseca. Ninguna otra persona ó compañía podrá construir ferrocarril ó tranvía eléctrico en una zona desde Puerto Cortés ú otro punto situado de Omoa á Chamelecón, en la Costa Norte, al valle de Comayagua, y desde allí hasta cualquier punto en el Golfo de Fonseca, en el Océano Pacífico. Asimismo, dentro del término de quince años, no se podrá construir otro ferrocarril paralelo a la línea férrea principal construida por el Sindicado, dentro de una distancia de veinticinco kilómetros a cada lado de ella; sin embargo, cualquier ferrocarril que lleve rumbo diferente podrá tener como punto de salida o término cualquier lugar o puerto comprendida en la zona antes mencionada.También podrá cualquier ferrocarril cruzar la línea férrea construida por el Sindicado, y aun ser paralelo a ella dentro de la referida distancia de veinticinco kilómetros, si así fuere necesario; pero es entendido que cuando esto último sucediere, la empresa del ferrocarril no podrá hacer negocio en aquella parte o sección paralela 4 línea principal del Sindicado, comprendida dentro de dichos veinticinco kilómetros.

**Art. 21.**— Es claramente entendido y aceptado, que los derechos y privilegios concedidos al Sindicado en la presente contrata, no afectan de ningún modo los derechos que tengan otras personas o compañías por concesiones hechas, o contratas celebradas con anterioridad, ni afectarán obligaciones anteriores del Estado, en cuanto a la vía interoceánica de Puerto Cortés a la bahía de Fonseca.

**Art. 22.**—El Gobierno concede al Sindicado por los ramales que construya y abra al servicio público, de conformidad con el artículo 7.9 de esta contrata, una cantidad de terreno nacional libre por cada kilómetro de ferrocarril, igual á la mitad de la que se concede por cada kilómetro de la línea principal y en las mismas condiciones que ésta, pero en ningún caso podrá recibir el Sindicado por los ramales que construya, mayor cantidad de terreno que le corresponda por la línea principal Es entendido que la laque terminará si ya no concesión de terrenos por razón de los ramales terminará hubiesen terrenos nacionales libres, y que el Sindicado no podrá por esta nunca escoger ni exigir los lotes reservados al Gobierno por esa contrata o por cualquiera otra. Es asimismo convenido y aceptado que por los ramales que tengan menos de cuarenta kilómetros, el Sindicado no recibirá ninguna cantidad de terreno.

Al haber recibido el Sindicado, por los ramales que construya una cantidad de terreno igual a la que corresponda por la línea principal, o cuando ya no haya terreno nacional libre, el Sindicado podrá, dentro de los veinticinco años señalados en el artículo 7.9 construir más ramales, pero no tendrá por ellos derecho a terrenos.

**Art. 23.**—El Gobierno autoriza plenamente al Sindicado para que arriende, venda o asigne o transfiera a cualquiera persona, corporación o compañía, excepto á los Gobiernos o corporaciones de Estados extranjeros, en todo o en parte, los derechos, privilegios, ganancias, beneficios, terrenos, minas y maderas ú otros materiales que en virtud de esta contrata adquiera; todo lo cual podrá hacer dicho Sindicado para los fines y usos que estime conveniente y bajo las condiciones que estime provechosas; pero quedando entendido que ningún convenio que haga o condición que estipule con tercero, podrá contravenir o violar las estipulaciones consignadas en esta contrata o las disposiciones comprendidas en las leyes vigentes del país.

**Art. 24.**—El Gobierno concederá al Sindicado, por el término de esta contrata, el uso de los terrenos libres de la costa que por la ley no se pueden enajenar, en la cantidad estricta mente necesaria para establecer estaciones, talleres, embarcaderos y muelles destinados únicamente para el servicio del ferrocarril.

**Art. 25.**— Todos los objetos o mercancías que transporte el ferrocarril, marcados "en tránsito" de mar á mar, y que las autoridades del país ó los empleados del ferrocarril, o cualquiera persona o personas, encontraren en poder de alguna persona, sin que hubiese pagado al Fisco los derechos correspondientes, según las leyes de Honduras, serán tomados y secuestrados por parte del Gobierno para aplicar á los culpables las penas establecidas por la Ley de Contrabando y Defraudaciones Fiscales. Los objetos o mercaderías "en tránsito" se transportarán de mar a mar en vagones sellados o bultos bajo sello, y los sellos no podrán abrirse sino hasta en el puerto de destino, pudiendo adoptar el Gobierno las demás precauciones que estime necesarias para evitar las defraudaciones, por medio de agentes expresamente autorizados.

**Art. 26.—** El Sindivado se compromete á construir, equipar y abrir al servicio público la sección de ferrocarril del Ulúa á la ciudad de Comayagua, dentro de cinco años, contados desde la aprobación de esta contrata; y en los dos años siguientes deberá estar construido, equipado y abierto al servicio público todo el ferrocarril hasta su extremidad en el Golfo de Fonseca, salvo caso fortuito o fuerza mayor legalmente comprobados; en cuyo caso, á solicitud del Sindicado, se concederá prórroga por un término igual al tiempo perdido y la mitad más. No se entenderá caso fortuito o fuerza mayor los sucesos ocurridos fuera de Honduras. Dentro de dos años, contados desde la aprobación de esta contrata, deberá el Sindicado construir, equipar y abrir al servicio público, por lo menos, veinticinco kilómetros de ferrocarril. Si el ferrocarril no estuviese construido hasta Comayagua dentro el término estipulado, quedará por ese mismo hecho sin efecto el arrendamiento de la sección existente de Puerto Cortés á La Pimienta. Tanto en este caso como en el de que el ferrocarril no se construya hasta el Golfo de Fonseca dentro del término fijado, perderá el Sindicado el derecho de seguir construyendo la línea; pero conservará todos los derechos y privilegios correspondientes á la parte de ferrocarril construida por él, excepto el privilegio referente a las líneas paralelas, pues entonces podrá construir otra persona o compañía cualquier ferrocarril paralelo al del Sindicado, dentro o fuera de la zona concedida a éste en la presente contrata.

En caso de caducidad, el material rodante que se haya importado desde esta fecha se dividirá entre el Gobierno y el Sindicado, en proporción al número de millas de la parte existente y de la que se haya construido.

**Art. 27.—** La anchura de la vía férrea no será menos que la que tiene la primera sección ya construida (un metro y seis centímetros.) En cuanto al límite máximo de pendientes y curvas y á las demás condiciones y detalles de construcción del ferrocarril, el Sindicado deberá seguir en un todo la práctica aconsejada por la Ingeniería moderna, debiendo emplearse, en todo caso, buenos materiales.

**Art. 28.—** Tanto el ferrocarril ó cualquiera parte de él, como los ramales que construya el Sindicado, y las prolongaciones de ellos, al ser abiertos al traficó público, serán equipados y abastecidos con suficiente número de locomotoras, carros, vagones y demás material fijo y rodante, enseres y accesorios necesarios para un servicio competente, y serán mantenidos, en todo tiempo, en buenas condiciones y debido estado de reparo, de manera que los trenes puedan caminar, por lo menos, con una velocidad de treinta y dos kilómetros por hora.

Al expirar el término del arrendamiento, y si antes no hubiese vuelto á poder del Gobierno la sección de ferrocarril arrendada, el Sindicado deberá entregar al Gobierno dicha sección en buenas condiciones de servicio, juntamente con todas las mejoras que tenga y el material fijo y rodante y demás anexos enumerados en el artículo $2^0$ de esta contrata; todo sin gravamen ni indemnización alguna. Si al expirar el término de setenta y cinco años el Gobierno desea comprar el ferrocarril construido por el Sindicado y sus ramales, lo podrá hacer, dando aviso de su intención al Sindicado, por escrito y con un año de anticipación y pagando o mandando pagar al Sindicado, un mes antes de la expiración de ese término y en oro americano o su equivalente en ese tiempo, el valor actual en aquella fecha del ferrocarril y sus ramales, con todas sus correspondientes pertenencias y materiales existentes, fijado por dos peritos, nombrados uno por el Gobierno y el otro por el Sindicado. En caso de que al terminar dichos setenta y cinco años el Gobierno no tome el ferrocarril y ramales, quedará con el derecho de comprarlo á la conclusión de cada cinco años subsiguientes, bajo las mismas condiciones en cuanto al aviso de su propósito y al pago del valor correspondiente. Transcurridos noventa y nueve años, el ferrocarril, sus ramales, anexos y dependencias, volverán, por el mismo hecho, a ser propiedad del Estado, sin gravamen de ninguna especie y sin que éste tenga que hacer al Sindicado pago ni indemnización alguna.

**Art. 29.**—El Gobierno tendrá el derecho de representación en la Junta Directiva del Sindicado, nombrando un director de su propia elección, quien tendrá los derechos que correspondan á cualquiera de los demás directores.

**Art. 80.**— El Sindicado conviene, afirma y declara que acepta los derechos concedidos por esta contrata, y se sujeta á cumplir fielmente todas las obligaciones en ella estipuladas.

**Art. 31.**— Bleeckman afirma y declara que el "Honduras Syndicate", a quien representa en esta contrata, está formado actualmente por los señores Chauncey M. Depew, W. Seward Webb, John Jacob Astor, J. G. Me Caullough, Frederic B. Jennings, George S. Scott, Nathaniel A. Prentiss, Charies Mc Veigh, Mel- ville E. Ingalls, Jr. y John E, Bleckman, debidamente incorporado bajo las leyes de los Estados Unidos.

**Art. 32.**— En caso de desacuerdo entre el Gobierno y el Sindicado, por falta de cumplimiento de esta contrata en cualquiera de sus partes, se someterán las diferencias a la decisión de dos amigables componedores, que deberán ser de buena y reconocida reputación, nombrados uno por cada parte, quienes, en caso de desacuerdo, nombrarán un tercero; y si no se aviniesen para este nombramiento, la designación se efectuará por sorteo entre cuatro candidatos, que deberán ser de buena y reconocida reputación, que propondrán por mitad el Gobierno y el Sindicado, pudiendo las partes presenciar el sorteo. Si alguna de ellas no presentare candidatos dentro del término que el Juez señalare, su designación se hará por este funcionario. Contra el fallo de la mayoría no se dará otro recurso que el de casación. El arbitramento deberá organizarse en la capital de Honduras, si los arbitradores no convienen en otro lugar dentro de la República.

**Artículo final.** —Quedando sin efecto por esta contrata la celebrada en 27 de marzo de 1897 y aprobada por decreto número 120, emitido por el Congreso Nacional con fecha 5 de abril de 1897, el "Honduras Railroad C°", por el presente, conviene y declara, por medio de su Representante General, Mr. John E. Bleeckman, que todo su interés en el arriendo de la primera sección del ferrocarril desde Puerto Cortés hasta La Pimienta, será efectivamente del Sindicado, y en consecuencia, acepta las responsabilidades que pesan sobre la sección arrendada y el contrato mismo del arrendamiento en los términos establecidos en este convenio.

Asimismo declara que no habiendo cumplido la "Honduras Railroad Cº" las obligaciones que le imponía la concesión que obtuvo del Gobierno en 1896, aprobada por decreto legislativo número 76, dicha contrata está anulada, y por ningún derecho queda, por razón de ella, a dicha compañía.

En fe de lo cual, y para constancia y seguridad de ambas par- tes, firmamos dos de un tenor en Tegucigalpa, a cinco de mayo de mil novecientos. —Francisco Altschul. —John E. Bleeckman; el Presidente de la República, en Consejo de Ministros, Acuerda:— $1^0$—Aprobarla en todas sus partes; y—$2^0$—Que del presente acuerdo se dé cuenta al Congreso Nacional para los fines de ley.— Comuníquese.— Terencio Sierra. —El Secretario de Estado en el Despacho de Fomento y Obras Públicas, por la ley, —M. López Ponce.—El Secretario de Estado en el Despacho de Hacienda y Crédito Público, —D. Fortín. —El Secretario de Estado en el Despacho de Gobernación y Relaciones Exteriores—César Bonilla. —El Secretario de Estado en el Despacho de Justicia é Instrucción Pública, —Juan A. Arias —El Secretario de Estado en el Despacho de la Guerra, —M. B. Rosales.

*Dado en Tegucigalpa, en el Salón de Sesiones, á veintiséis de mayo de mil novecientos.*

**ALBERTO UCLÉS**
presidente
**VALENTÍN DURÓN,** Secretario.
**SILVERIO LAÍNEZ,** Secretario

Al Poder Ejecutivo.
Por tanto: Ejecútese,

Tegucigalpa: 2 de junio de 1900.

TERENCIO SIERRA.

El Secretario de Estado en el Despacho de Fomento y Obras Públicas, Francisco Altschul

## RECLAMACION

Del "Honduras Syndicate" contra el Gobierno de Honduras por haberse apoderado de una propiedad perteneciente al "Syndicate" en Honduras".

## TRADUCCIÓN

AL HONORABLE SECRETARIO DE ESTADO DE LOS ESTADOS UNIDOS:
El Honduras Syndicate respetuosamente expone:

$1^0$—Que durante todo el tiempo que más adelante se mencionará ha sido, y es aún, corporación organizada y que existe bajo las leyes del Estado de Nueva Jersey, con el asiento principal de sus negocios en el $N^0$ 25 Broad Street, en la ciudad de Nueva York. Que los Directores de dicha corporación son:
Hon. Chauncey M. Drrew, presidente; Henry L. Sprague, vicepresidente; Charles H. Johnson, secretario y tesorero.

Y que sus accionistas son los siguientes:
Hon. Chauncey M. DEPEW, senador de los Estados Unidos; Gen. John G. Mc Cullough, gobernador del Estado Vermont; Gral. Benjamín J. Tracy, ex-secretario de marina; Gral. Thomas L. Watson, Corl. John Jacob Astor, Dr. W. Seward Webb, presidente de la *Rut land Railway Company;* Herencia de H Walter Webb (primer vicepresidente de la New York Central & Hudson River Railwad Co.) George S. Scort, Henry L. Sprague; Nathaniel A. Prentiss, Frederic B. JENNINGS. J. A. Grovett, William Radcliffe, W. B. Scott, **WASHINGTON S. VALENTINE,** Duncan B. Cooper, Charles H. Johnson, John Carstensen y Charles EH. Scott.

$2^0$—Que en junio de 1900 el Honduras Syndicate recibió del Gobierno de Honduras una concesión y contrata, que, entre otras cosas, le da en arrendamiento, por veinticinco años (con privilegio de prórroga), la primera sección del llamado Ferrocarril Interoceánico, que se extiende de Puerto Cortés á La Pimienta, y le concede el derecho de construir, ser dueño y operar dicho Ferrocarril Interoceánico desde una conexión con la parte arrendada en La

Pimienta hasta el Golfo de Fonseca en el Océano Pacífico, junto con el derecho de vía y otras valiosas concesiones de terrenos y de otra naturaleza. Dicha concesión imponía al Honduras Syndicate la obligación de construir ó reconstruir la parte de línea arrendada, construir ó reconstruir puentes sobre los ríos Chamelecón y Ulúa, equipar el Ferrocarril, y de construir la vía desde La Pimienta hasta Comayagua dentro de ciertos plazos especifica dos en la concesión.

$3^0$—Al tempo de otorgar dicha concesión o contrato, y también cuando e otorgó una concesión ó contrato anterior por el Gobierno de Honduras al Honduras Syndicate, el Gobierno de Honduras aseguró que tenía el derecho de hacer el arrendamiento y conceder los otros derechos comprendidos en dichas concesiones, y bajo la fe de dicho arrendamiento por veinticinco años de la línea ya construida y de la concesión para construir y operar el resto, y confiando en que el Gobierno de Honduras tenía derecho y poder suficiente para proteger al Honduras Syndicate en al goce de ellos, el Honduras Syndicate asumió las obligaciones de esta concesión y bajo ella tomó posesión de y ha substancialmente reconstruido la parte arrendada de la vía, ha construido un nuevo puente sobre el río Chamelecón, ha construido los estribos de un nuevo puente sobre el río Ulúa y suplido una gran parte de esta estructura, ha construido, y puesto a funcionar cinco millas de nueva línea más allá de La Pimienta, ha ejecutado una gran parte del trabajo de abrir y nivelar las diez millas siguientes y de medir y trazar las otras cuarenta millas de línea, ha comprado y puesto en uso una gran cantidad de locomotoras, carros y otro material rodante nuevo, ha pagado una gran cantidad por renta en virtud de dicho arrendamiento, y así ha pagado y gustado por dicho ferrocarril bujo las concesiones referidas la suma de $ 806.000 sin incluir intereses.

$4^0$. El Hlonduras Syndicate estaba prosiguiendo el trabajo de construcción de dicha línea y había substancialmente hecho arreglos para arbitrar los fondos necesarios para ello, cuando el año de 1901 se entablaron ciertas negociaciones entre el Gobierno y el Syndicate para efectuar ciertos cambios en la contrata, y en el mes de marzo de 1902, poco más ó menos, el Syndicate y los empleados del Gobierno de Honduras habían llegado á un acuerdo substancial con respecto á los cambios propuestos, los cuales fueron aprobados por el Presidente y Gabinete de Honduras y presentados al Congreso[2], que estaba entonces reunido, para su ratificación, cuando el 10 de marzo de 1902, poco más ó menos, el Cónsul Británico en Tegucigalpa presentó una protesta contra el otorgamiento de cualesquiera reformas á dicha concesión ó á la continuación del arrendamiento de dicha vía, ó al otorgamiento de cualesquiera derechos relativos a ella, apoyado en que ciertos tenedores británicos de ciertos bonos emitidos por el Gobierno de Honduras tenían derecho de retención sobre la parte de dicha vía arrendada.

El hecho es que los bonos en referencia fueron emitidos hace más de treinta y cinco años, ascendían á £ 6.000.000, eran obligaciones directas del Gobierno de Honduras y no estaban aseguradas con ninguna hipoteca sobre dicho ferrocarril y nunca habían sido reconocidos y nunca se había pagado ningún interés sobre ellos por el Gobierno de Honduras, y ex lo cierto que se dispuso de ellos en Inglaterra y Francia de una manera tan fraudulenta recibió menos de £ 100.000 por ellos; y el año de 1875, el Parlamento Inglés, después de la investigación é informe de un Selecto Comité, encontró que se había dispuesto fraudulentamente de los bonos por los banqueros ingleses sin dar cuenta con sus productos al Gobierno de Honduras, y se negó á intervenir en favor de los Tenedores de Bonos.

A pesar de estos hechos y á pesar de que el Gobierno de Honduras había otorgado ya dichos arrendamiento y concesión al dures Syndicate y de que éste, bajo la fe de dicha concesión ya había gastado fuertes sumas de dinero, de conformidad con ella, el Gobierno de Honduras recibió esta protesta á nombre de los Tenedores de Bonos británicos como objeción válida hecha contra dicho arrendamiento, ó cualquier prórroga de él y contra cualesquiera reformas á dicha concesión, y en consecuencia se interrumpieron las negociaciones relativas a este asunto. [3]

Entonces supo el Syndicado por primerá vez que el Gobierno de Honduras, con vista de dicha protesta, era de opinión de que no tenía

---

[2] Nótese que sólo se trató de prorrogar el cumplimiento de la contrata por un año, como puede verse en el texto, hasta el 26 de mayo de 1903.—Nota del Editor.

[3] Esta afirmación no es exacta, ni lo que sigue. Véase el texto. Además la prórroga pactada se llevó á cabo.—Nota del Editor.

derecho de otorgar dicho arrendamiento ó de continuarlo, arrendamiento confiado en el cual el Syndicate había gastado ya más de $ 806.000 tratando de cumplir con su parte de dicha concesión.

Durante las negociaciones a que arriba se ha hecho referencia, los trabajos de construcción se demoraron necesariamente con conocimiento de los empleados del Gobierno de Honduras, y cuando se vió, por la actitud asumida que existía duda con relación al efecto de la protesta británica y á la facultad del Gobierno de Honduras para conceder los derechos que se había propuesto otorgar en virtud de dicha concesión, no se justificaba que el Syndicate continuara gastando dinero en dicho ferrocarril, bajo dicha concesión, y estando pendiente la resolución de dicho pretexto, el Presidente de Honduras concedió al representante del Honduras Syndicate una prórroga de un año bajo dicha concesión, asegurándole que tan pronto como se dispusiera de la protesta británica, se reanudarían las negociaciones para la reforma de dicho contrato. [4]

Poco después, durante el año pasado, sobrevinieron la agitación política de Honduras con motivo de las elecciones presidenciales, y la subsiguiente revolución[5], que hicieron imposible la continuación de las negociaciones ó de la construcción de la nueva línea; y no fué sino hasta el 10 de mayo de 1903, que el Gobierno actual, después de su éxito en la revolución, fué establecido y el Congreso se reunió.

El Honduras Syndicate, por medio de su representante en la capital, expuso los anteriores hechos al Gobierno de Honduras y pidió una nueva prórroga; pero fue informado de que el Cónsul Británico continuaba con su protesta, y el Gobierno de Honduras, ignorando la petición del Honduras Syndicate y haciendo caso omiso de su propia falta de cumplimiento de la concesión sosteniendo dicho arrendamiento y los otros derechos por él otorgados, se ha apoderado arbitrariamente[6] del ferrocarril que

---

[4] Todo esto está relacionado á gusto del consumidor, y no es exacto en la forma que s expone. Véase la parte respectiva del texto. —Nota del Editor.
[5] La instalación del gobierno del general Bonilla, en Amapala, el 1º de febrero de 1903. Nota del Editor.
[6] Véase el texto y podrá confirmarse que la toma de posesión se llevó a cabo de perfecto acuerdo con los representantes del Honduras Syndicate. Nota del Editor.

estaba legalmente en posesión del Honduras Syndicate, junto con dichas cinco millas de ferrocarril construidas y de propiedad suya, y del gran trabajo ejecutado por el Syndicate en la prolongación del mismo, y también del material rodante comprado por y de propiedad del Syndicate, sin reconocer los derechos de éste, y se propone confiscarlo todo sin forma de juicio.

$5^0$—Desde su incorporación, el Honduras Syndicate ha pagado y gastado en relación con esta empresa, por la construcción de las cinco millas de línea arriba mencionadas, por abrir y nivelar las diez millas siguientes, por medir y trazar las cuarenta millas que hay á continuación, por la reconstrucción y mejoramiento de la línea arrendada y por la construcción de un puente sobre el Río Chamelecón y los estribos del puente sobre el Río Ulúa, y materiales y enseres suplidos en relación con dicha construcción, por nuevos equipos comprados consistentes en locomotoras, carros, trucks, etc., y nueva maquinaria para los talleres del ferrocarril, y por otros gastos relacionados con dicha concesión, la suma de $ 806.000 que con sus intereses hasta el 19 de junio de 1903, asciende á la suma de $ 1.056.393.

$6^0$—Que la suma arriba mencionada ha sido anualmente pagada por el Honduras Syndicate en virtud de dicha concesión, además de todas y cada una de las sumas que él ha recibido por la explotación de dicho ferrocarril o de cualquiera otra procedencia en virtud de dicha concesión, y que ningún pago se ha hecho al Syndicate a cuenta de ella, y que el Syndicate no tiene ningunas propiedades que la representen excepto el mismo ferrocarril, equipo, maquinaria, etc., que han sido ilegalmente arrebatados y confiscados por el Gobierno de Honduras.

$7^0$—Que la suma arriba mencionada fué efectivamente contribuida para el Honduras Syndicate por sus accionistas ya citados,

$8^0$—En consecuencia el Honduras Syndicate mantiene:

**Primero.** —Que cuando aceptó dicha concesión y gastó la gran suma de dinero que ha invertido en dicho ferrocarril en virtud de ella, y emprendió la terminación de ciertas partes de dicho ferrocarril dentro del plazo en ella estipulado, lo hizo así bajo el supuesto de que el arrendamiento por veinticinco años del ferrocarril de Puerto Cortés a La Pimienta otorgado por medio de ella era un arrendamiento válido y obligatorio que el Gobierno de Honduras tenía derecho y facultad de otorgar, y que el Syndicate, al cumplir con su parte de la concesión sería protegido en el goce de los derechos que ella le confiere, inclusive la posesión de la línea arrendada: que antes del vencimiento de cualquiera de los plazos de caducidad fijados en dicho arrendamiento, el Syndicate fué VIRTUALMENTE[7] notificado de que no podín contarse con dicho arrendamiento comio válido y obligtorio con motivo de dicha protesta británica en vista de la cual notificación no se justificaba que el Syndicate continuara haciendo desembolsos de conformidad con él, hasta que el asunto de Ju condición legal de dicho arrendamiento se determinara final y definitivamente; y el Syndicate mantiene que la interposición de tul protesta británica y la actitud asumida por el Gobierno de Honduras con respecto a ella constituye un caso fortuito ó fuerza mayor, según lo establecido en dicho contrato, que prorroga su plazo para la terminación del ferrocarril en virtud del mismo contrato por mientras continúe dicha situación.

**Segundo.**—Que el Syndicate no ha dejado de cumplir con dicha concesión ó contrato, sino que por el contrario, ha llevado a efecto plenamente bajo todos los respectos las obligaciones que le impone, y que si el Gobierno de Honduras sostiene lo contrario, tiene derecho a que la cuestión se resuelva por arbitramento de conformidad con la cláusula de arbitramento consignada en la concesión para la resolución de cualquiera cuestión de falta de cumplimiento, con respecto a la cual haya desacuerdo entre el Gobierno y el Syndicate.

**Tercero.** —Que de conformidad con cualquiera interpretación de dicha concesión ó contrato y desde cualquier punto de vista que se contemplen los derechos de las respectivas partes en él consignados, las cinco millas de ferrocarril construidas por el Syndicate y las siguientes diez millas de derecho de vía niveladas por él, le pertenecen y el Gobierno de Honduras no puede legalmente apoderarse de ellas,

---

[7] ¡VIRTUALMENTE! ¿Por quién fué notificado? "Virtualmente". adv. m. De un modo virtual". Virtual. (Del lat. *virtus,* fuerza, virtud). Adj. "Fis. Que tiene existencia aparente y NO REAL". Diccionario de la Real Academia, edición de 1899, pág. 1.023, col, 3ª—Nota del Editor.

**Cuarto.**—Que cualquiera que sea el punto de vista desde el cual se contemple dicha concesión ó los derechos que ella otorga á las partes, el Syndicate tiene derecho al material rodante comprado por él.

**Quinto.**—En consecuencia el Syndicate mantiene que la acción del Gobierno de Honduras al reconocer los derechos del Syndicate y apoderarse y tomar posesión de dicho ferrocarril y del material rodante, fué arbitraria, ilegal é injusta y equivale á una confiscación sin forma de juicio y que el Syndicate tiene derecho á que se le restablezca en la posesión de dicho ferrocarril y que se le prorrogue el plazo para su terminación por el espacio de tiempo establecido en dicha concesión, después de la determinación de la condición legal de dicha línea arrendada, y en defecto de esto, á que el Gobierno de Honduras le reembolse plenamente todas las sumas que ha gastado confiando en dicha concesión y en la validez del arrendamiento y demás derechos por ella otorgados, que el Gobierno de Honduras rechaza ahora, y le indemnice por todos los perjuicios resultantes de dicho despojo ilegal de sus propiedades.

9º—Por tanto el Honduras Syndicate, respetuosamente pide al Secretario de Estado que presente el asunto al Gobierno de Honduras y use los mejores oficios del Gobierno de los Estados Unidos á fin de obtener la devolución de dicho ferrocarril y demás propiedades ilegalmente arrebatadas por el Gobierno de Honduras, y en defecto de esto, que se pague al Syndicate la suma de $ 1.056.393 y sus intereses desde el 1% de junio de 1903, como indemnización por las pérdidas y perjuicios que ha sufrido.

Nueva York, junio 17 de 1903.
*Honduras Syndicate,*
Por Chas H. Johnson,
Secretario y Tesorero.

Estado de Nueva York,
Condado de Nueva York: es a saber:
Charles H. Johnson, habiendo sido debidamente juramentado, declara y dice: tengo más de cuarenta y tres años de edad y nací en el Estado de Nueva Jersey y resido en Westfield, Nueva Jersey. Soy Secretario y Tesorero del Honduras Syndicate. He leído el Memorial

que antecede y conozco su contenido, el cual es cierto según mi leal saber y entender.

La cifra que indica la suma efectivamente pagada y gastada por el Honduras Syndicate en virtud de sus concesiones otorgadas por el Gobierno de Honduras, fueron tomadas por mí de los libros del Syndicate, que contienen el detalle de los gastos, y son bajo todos respectos correctas y verdaderas.

Dicho memorial fue suscrito por mí en nombre y representación del Honduras Syndicate como Secretario y Tesorero del mismo. No tengo interés alguno en los asuntos y reclamos expuestos en dicho Memorial, excepto el que se desprende de mi carácter de empleado accionista de dicha Compañía.

      L. S.                      Cras H. Jonson.

Suscrito y jurado ante mí el día 17 de junio de 1903.
L. S.        P. A. Nolan, Notario Público.

Condado de Kings.
Certificado archivado en el Condado de N. Y,
Yo, Patrick A. Nolan, Notario Público, certifico: que no tengo interés alguno en el reclamo del Honduras Syndicate contra el Gobierno de Honduras consignado en el anterior Memorial, y que no soy agente ni apoderado de ninguna persona que tenga interés en él.

Conozco a Charles H. Johnson el declarante arriba citado, personalmente y sé que es persona que merece la mayor fe. Testimonio, mi firma y sello oficial en la ciudad de Nueva York, el día 17 de junio de 1903.

      L. S. P. A.                Nolan, Notario Público.

Condado de Kings.
Certificado archivado en el C. de K.
Estado de Nueva York.
Condado de Nueva York, es á saber:
Yo, Thomas L. Hamilton, Secretario del Condado de Nueva York, y también Secretario de Ja Corte Suprema para dicho Condado, la cual es á la vez Corte de Registro, por las presentes certifico: Que P. A.

Nolan ha archivado en la oficina del Secretario del Condado de Nueva York una copia certificada de su nombramiento y calificación como Notario Público para el Condado de Kings, con su firma autógrafa, y en la fecha en que recibió la prueba o reconocimiento del instrumento anexo estaba debidamente autorizado para recibirlo. Y, además, que conozco y afirmo bien la forma de letra de dicho Notario y creo que la firma puesta en dicho certificado de prueba ó reconocimiento es genuina.

En testimonio de lo cual, he firmado el presente y le he fijado el sello de dichas Corte y Condado, el día 17 de junio de 1903.

L. S.            Thomas Hamilton, Secretario.

## Reclamación del "Honduras Syndicate"

*************

## Contestación del señor ministro don Mariano Vázquez

Tegucigalpa, 12 de agosto de 1903.

Excelentísimo señor Leslie Combs. E.E. y MP. de los EE.UU. de América.—Guatemala.

Acompañado de la apreciable comunicación de V. E., fechada el 7 del mes anterior, tuve la honra de recibir una copia del memorial que dirigió el señor Charles Johnson, Secretario del Honduras Syndicate al Gobierno de V. E., y otra de la concesión otorgada por el Gobierno de Honduras al referido Sindicado.

Me permito acompañar a V. E. la contestación que da mi Gobierno al memorial presentado por el Honduras Syndicate; y por él juzgará V. E. que, no siendo verídicos los hechos expuestos en el memorial aludido, no asiste ningún derecho al Syndicado para reclamar de mi Gobierno indemnización alguna. Los anexos que se incluyen al documento que tengo el honor de enviarle, prueban hasta la evidencia que el Sindicado faltó a las estipulaciones del contrato, perdiendo por consecuencia todos los derechos que en él se le habían otorgado.

Mi Gobierno abriga la seguridad de que el ilustrado Gobierno de V. E., consecuente con los principios de justicia que guían todas sus resoluciones, sabrá tomar en cuenta los argumentos que aduce y rechazará por falta de fundamento la injusta reclamación presentada por el Honduras Syndicate.

Aprovecho esta oportunidad para presentar a V. E. el homenaje de mi más distinguida consideración.

**MARIANO VÁSQUEZ.**

**ANEXO**: —Contestación del Gobierno de Honduras a la reclamación presentada ante el Gobierno de los EE. UU. por The Honduras Syndicate.

## COPIA

*Contestación del Gobierno de Honduras a la reclamación del Honduras Sindicate, por la rescisión del arrendamiento del Ferrocarril.*

### I

El 26 de mayo de 1900, el Congreso Nacional aprobó la contrata celebrada por este Gobierno y Mr. John E. Bleekman, representante de "The Honduras Syndicate," por la cual se daba en arriendo al Sindicado, por el termino de 25 años, contados desde esa misma fecha de aprobación, la primera sección del Ferrocarril Interoceánico, construida desde Puerto Cortés hasta La Pimienta, en el estado en que se encontraba en aquella fecha, juntamente con las estaciones, talleres, casas, puentes, apartaderos, plataformas giratorias, y el material fijo y rodante, como máquinas, rieles, herramienta, carros, locomotoras, etc., y todo el equipo; y finalmente, el terraplén y derecho de tránsito en la expresada sección.

El Sindicado se obligó solemnemente en el artículo 2º de la Contrata, cláusula b), a reconstruir dentro de los cuatro años siguientes a la aprobación, la expresada sección del Ferrocarril interoceánico, y dentro de los dos primeros años a construir el puente sobre el río Ulúa, y a reconstruir el del Chamelecón en las condiciones que la misma cláusula expresa.

En la clásula (c) se obligó el Sindicado a proveer el Ferrocarril de los carros y vagones y todo el equipo necesario para el buen funcionamiento y servicio de la línea férrea.

El Artículo 3º de la referida contrata establece que se rescindirá está y quedará sin efectos por falta de cumplimiento de cualquiera de las condiciones expresadas anteriormente, lo mismo que por el hecho de no construirse la sección del Ferrocarril del Ulúa a Comayagua, de que se trata en adelante. Que en caso de rescindirse y quedar sin efectos la contrata, el Sindicado no podrá reclamar indemnización por razón de mejoras hechas al Ferrocarril, que se le dé en arrendamiento y lo devolverá al Gobierno sin gravamen alguno, y que por falta de cumplimiento de las condiciones (a) y (b), que se refieren al pago del arrendamiento y a la construcción del puente sobre el río Ulúa y reconstrucción del de Chamelecón, la rescisión se efectuará de hecho y sin necesidad de declaración arbitral. (Anexo Núm. 1º ).[8]

El Gobierno, por su parte, cumplió la obligación contraída con el Sindicado, entregándole la sección del Ferrocarril que se extiende desde Puerto Cortés a La Pimienta, y así lo confiesa el Sindicado en el párrafo III de su exposición, al manifestar que tomó posesión del expresado Ferrocarril.

## II

El Sindicado explotó tranquilamente la sección del Ferrocarril de Puerto Cortés a La Pimienta desde el 26 de mayo de 1900, durante tres años, y el Gobierno esperó que el expresado Sindicado cumpliera, por su parte, los compromisos contraídos.

Pero no sucedió así; dos meses antes de terminar los dos primeros años del arrendamiento, esto es, el 6 de marzo de 1902, el representante y Agente General de "The Honduras Syndicate," señor Adolfo Pereira, se presentó al Gobierno, pidiendo prórroga del arrendamiento por un año más, pretextando que "la nueva contrata no

---

[8] Es el contrato de 1900, que antecede.—Nota del Editor.

pudo llegar al serio y detenido estudio de un plan verdadero de parte de sus representados para acometer esa empresa y darle fiel cumplimiento a sus obligaciones"; manifestó, también, que en el año anterior habían ocurrido en Estados Unidos, crisis violentas, a consecuencia de las huelgas; por lo cual las fábricas no estuvieron en capacidad de llenar les pedidos de materiales que se necesitan para empresas como la del Ferrocarril. (Anexo Núm. 2). [9]

Como se ve, las razones alegadas por el representante del Sindicado, en su solicitud de prórroga, eran inatendibles; la primera, porque siendo claros los términos del Contrato, y habiendo el Sindicado entendido bien todo lo estipulado a su favor, esto es, la extensión de las obligaciones que correspondían al Gobierno, desde luego que tomó posesión del Ferrocarril con todas sus pertenencias y lo explotó sin interrupción, es evidente que no tuvo duda alguna ni podía tenerla en el alcance de sus propias obligaciones, entre las cuales está, la de construir un puente sobre el río Ulúa, dentro de los dos primeros años, lo cual no verificó.

Es un principio generalmente reconocido, que los contratos; deben ejecutarse de buena fe. Si el Sindicado, como dice el representante Pereira, en su solicitud de prórroga, no tuvo perfecto conocimiento de sus derechos y obligaciones, sino es hasta un año después de firmada y aprobada la contrata: ¿Por qué durante ese año explotó el Ferrocarril sin que fuera obstáculo para percibir todos los aprovechamientos la falta de conocimiento de sus propias obligaciones? Procediendo de buena fe el Sindicado, debió haber suspendido la explotación hasta que, como dice su representante, hubiera tenido exacto y amplio conocimiento de sus obligaciones.

La segunda razón expuesta por el representante del Sindicado fué menos atendible aún. Las huelgas a que se refiere no han podido afectar jurídicamente el contrato ni justificar, en manera alguna, la falta de cumplimiento de las obligaciones por parte del Sindicado.

La salvedad del caso fortuito o fuerza mayor que solo se estipuló en el artículo 26 de la Contrata, respecto a la obligación de construir, equipar y abrir al servicio público la Sección del Ferrocarril del Ulúa a la ciudad de Comayagua y de allí hasta su extremidad en el Golfo

---

[9] Véase el texto.—Nota del Editor.

de Fonseca, está restringida a casos interiores, pues dice el mismo artículo que "no se entenderá caso fortuito o fuerza mayor los sucesos ocurridos fuera de Honduras."

Con lo anteriormente expuesto se demuestra que el Sindicado no tuvo derecho para solicitar la prórroga, y que si el Gobierno la otorgó, fué sólo llevado de su deseo de que se construyera hasta su término la línea del Ferrocarril, y en vista de los propósitos manifestados por el representante señor Pereira, de cumplir por su parte la Contrata celebrada. El acuerdo mismo de la prórroga con el cual se conformó el expresado representante, evidencia que estos fueron sus motivos. (Anexo Núm. 3).

El Sindicado, por el hecho mismo de haber solicitado prórroga para el cumplimiento de sus obligaciones, dos meses antes de terminar los dos primeros años del arrendamiento, ha confesado explícitamente que no cumplió las obligaciones que debía cumplir en ese plazo; y en consecuencia el Gobierno pudo muy bien *extrictijuris* desde la fecha en que se completaron los dos primeros años del arrendamiento, esto es, desde el 26 de mayo de 1902, dar por rescindida la contrata, según el artículo 3° de la misma.

Pero, como he manifestado antes, interesado el Gobierno en la construcción del Ferrocarril ó en su prolongación hacia el Golfo de Fonseca, otorgó la prórroga de un año, esperando que en este último plazo, el Sindicado cumpliera sus obligaciones.

### III

Entre las obligaciones del Sindicado se encuentra la de construir un puente sobre el río Ulúa dentro de los dos primeros años, contados desde la aprobación de la Contrata (artículo 2, inciso b).

El Sindicado no construyó ese puente ni en los dos primeros años ni en el año de prorroga que se le concedió (anexo No 4).

Como el artículo 3° de la contrata estableció que en este caso, se rescindiera de hecho, y sin necesidad de declaración arbitral, el Gobierno, con conocimiento del representante del Sindicado y de acuerdo con él, dio por rescindida la Contrata y entró en posesión del Ferrocarril el 27 de mayo del corriente año de 1903.

El señor Adolfo Pereira, representante del Sindicado, que no pudo menos de conocer el derecho del Gobierno, mandó entregar el

Ferrocarril con todas sus pertenencias. De esta misma capital dirigió el 26 de mayo del año relacionado, un telegrama al Superintendente del Ferrocarril, en que decía literalmente. "Está entendida y arreglada la entrega al Gobierno del Ferrocarril y todas sus pertenencias, mañana temprano. Desde esa fecha funciona el Ferrocarril por cuenta del Gobierno, a las órdenes del Comandante Quirós, y con los mismo empleados y reglamentos, hasta nueva orden del mismo Gobierno. Entiéndase Ud. con el Comandante Quirós para todos los detalles del caso.—Adolfo Pereira." (Anexo No 5).

Es inexacto, pues, de todo punto, que el Gobierno se haya apoderado violenta y arbitrariamente del Ferrocarril construido. Si se ha tomado posesión del Ferrocarril ha sido en virtud de la ley del contrato que estableció la rescisión de hecho sin indemnización ni declaración arbitral.

Expuesto el motivo legal que apoya la posesión del Ferrocarril por parte del Gobierno, me referiré a las alegaciones del Sindicado contenidas en el memorial que dirigió al Honorable Secretario de Estado de los Estados Unidos.

## IV

En el expresado memorial el Honduras Syndicate mantiene: Primero: "Que cuando aceptó la Concesión y gastó la gran suma de dinero que ha invertido en dicho Ferrocarril y emprendió la terminación de ciertas partes del mismo, lo hizo bajo el supuesto de que el arrendamiento por veinticinco años del Ferrocarril de Puerto Cortés a La Pimienta, era un arrendamiento válido y obligatorio que el Gobierno de Honduras tenía derecho y facultad de otorgar, y que el Syndicate al cumplir con su parte de la Concesión, sería protegido en el goce de los derechos que ella le confiere inclusive la posesión de la línea arrendada: que antes del vencimiento de cualquiera de los plazos de caducidad fijados en dicho arrendamiento, el Syndicate fue virtualmente notificado de que no podía contarse con dicho arrendamiento como válido y obligatorio con motivo de la protesta del Cónsul Británico, con motivo de la cual notificación, no se justificaba que el Syndicate continuara haciendo desembolsos, de conformidad con él, hasta que el asunto de la condición legal de dicho arrendamiento, se determinará final y definitivamente: y mantiene asimismo que la interposición de tal protesta y la actitud asumida por el Gobierno de Honduras, con respecto a ella, constituye un caso fortuito ó fuerza mayor, según lo establecido en dicho contrato, que prorroga su plazo para la terminación del Ferrocarril".

El Gobierno de Honduras ha tenido y tiene perfecto derecho para usar y disponer, como dueño que es de esa sección del Ferrocarril, para administrarla por sí mismo o darla en arrendamiento a la persona o Compañía que ha creído o crea conveniente.

El Sindicado sabe muy bien que esa sección la tuvo en arrendamiento Mr. Joseph L. Hance en 1881 hasta 1884: que en 1885 se dió en arrendamiento, por veinte años, a Mr. Eduardo Kraft: que después se hizo contrata, por la misma vía, con el Honduras Rail Road Co y últimamente con el Sindicado: todo por concesión del Gobierno, sin que se haya objetado nunca, en ningún tiempo, el derecho que tiene para disponer de esa sección del Ferrocarril. Y que si esos arrendamientos no han llegado hasta el término estipulado, ha sido por falta de cumplimiento de las obligaciones de los arrendatarios que han producido la rescisión de las contratas: volviendo la vía férrea a la administración del Gobierno, lo cual patentiza la propiedad del Estado.

El concepto de propiedad no puede perderse, ni siquiera limitarse por el simple hecho de una protesta como la que hizo el Cónsul Británico a nombre de los Tenedores de Bonos.

Si el Sindicado mismo reconoce en su exposición que bonos emitidos por el Gobierno de Honduras, constituían obligaciones directas que no afectaban la propiedad del Ferrocarril; y que el Parlamento Inglés por el fraude con que procedieron los banqueros, se negó a intervenir en favor de los Tenedores de bonos, no es lógico suponer que el Gobierno de Honduras haya acogido esa protesta como objeción válida contra el arrendamiento.

La prórroga concedida al Sindicado fue el de 7 marzo de 1902 y la protesta se hizo tres días después, el 10 de marzo. El hecho de que el Gobierno, después de la protesta mantuvo, al Sindicado en el goce del arrendamiento durante el año de prórroga, explica que ha creído tener derecho a otorgar dicho arrendamiento por cualquier tiempo, pues no es presumible que colocara al Sindicado, con el año de prórroga, en posibilidad de cumplir las obligaciones que no había cumplido en los dos primeros años, si hubiera dudado de su derecho, exponiéndose a las consiguientes responsabilidades.

Por otra parte, cualquiera que sea el valor que quiera darse a la protesta de los Tenedores de bonos, o cualquiera que sea el resultado definitivo de las gestiones de éstos: el Sindicado no tendría derecho de objetar por qué en el artículo 21 de la contrata se declaró lo siguiente: "Es claramente entendido y aceptado que los derechos y privilegios concedidos al Sindicado en la presente contrata, no afectan de ningún modo los derechos que tengan otras personas o compañías por concesiones hechas o contratas celebradas con anterioridad, ni afectarán obligaciones anteriores del Estado, en cuanto a la vía interoceánica de Puerto Cortés a la bahía de Fonseca". Y por qué en el artículo final de la misma contrata el representante del Sindicado declaró que "acepta las responsabilidades que pesan sobre la sección arrendada del Ferrocarril".

El año de prórroga se concedió con el fin de que dentro de él, el Sindicado cumpliera las obligaciones que como la construcción del puente sobre el río Ulúa, había dejado de cumplir en los dos primeros años del arrendamiento: Y si durante ese año de prórroga el Sindicado explotó el Ferrocarril sin que por virtud de la protesta haya tenido el más leve obstáculo en la percepción de las pingües utilidades que le produjo el arrendamiento: ¿Cómo es posible que sin un obstáculo, sin desconocimiento de la justicia y la equidad, se diga hoy que no se cumplieron por su parte, las obligaciones contraídas porque la protesta constituía un caso fortuito que impedía al Sindicado hacer desembolsos hasta que se determinara definitivamente la condición legal del arrendamiento?

El señor Adolfo Pereira, representante del Sindicado, tuvo conocimiento de la protesta desde el momento en que fue presentada, y no la calificó entonces como caso fortuito que impidiera al Sindicado hacer desembolsos para el cumplimiento de sus obligaciones. Por el contrario, en la carta que dirigió al Ministerio de Fomento el 12 de mayo de 1902, indicó que el Sindicado se ocupaba en dar los pasos conducentes al cumplimiento de la contrata (Anexo No 6.)

Nótase en el Memorial del Sindicado la intención de presentarse como desconocedor de las pretensiones de los Tenedores de Bonos de Inglaterra y Francia, manifestándose sorprendido por la protesta hasta el punto de calificarla como un caso fortuito, olvidándose que en la contrata misma su representante, Mr. John E. Bleekman declaró ser también el representante de la Honduras Rail Road Co, la cual se había comprometido, en su contrato de 28 de marzo de 1897, a amortizar los Bonos del Ferrocarril procedentes de los empréstitos de Londres y París (Anexo Nos 7 y 8).

## V

En la segunda conclusión, el Sindicado afirma que ha llenado las obligaciones de la Concesión, y pretende que tiene derecho, en caso que el Gobierno afirme lo contrario, a que se resuelva por arbitramento si ha faltado o no a los compromisos contraídos. Esta pretensión es insostenible en presencia de los artículos 2º y 3º de la contrata.

El Sindicado no ha reconstruido la parte arrendada del Ferrocarril. El notario que ha inspeccionado la línea desde Puerto Cortés a La Pimienta lo declara así en documento público, manifestando que los rieles se encuentran en mal estado, bastante torcidos, corroídos y hundidos a trechos por el dilatado uso que han tenido, siendo los mismos que existían antes de la contrata [Anexo N. 9].

El Sindicado no construyó, como el mismo lo ha confesado, el puente sobre el río Ulúa, ni en los dos primeros años ni en el año de prórroga, y en este caso la contrata ha podido rescindirse de arbitramento y sin lugar a indemnización hecho sin necesidad de ningún género. Así lo expresa el artículo 3º de la contrata referida. Este mismo artículo responde a las conclusiones 3º, 4º y 5º del Sindicado, pues estipulado por la ley del contrato que no hay indemnización por las mejoras que se hubieren hecho al Ferrocarril arrendado, es ineficaz toda alegación en contrario.

## VI

El Sindicado afirma que en el tiempo del arrendamiento abrió al servicio público cinco millas de nueva línea del Ferrocarril del Ulúa a Comayagua. Aunque esto fuera cierto, el Sindicado habría faltado a su compromiso, pues no eran cinco sino más de quince millas [25 kilómetros], por lo menos, los que según el artículo 26 de la contrata, se obligó a construir en los dos primeros años.

Pero debo manifestar al Honorable Secretario de Estado, que esas cinco millas de línea que hay del Ulúa a Comayagua, no fueron construidas por el Sindicado en virtud de la última contrata. La Honduras Rail Road Co las construyó en 1898, y estaba el Gobierno en posesión de ellas cuando se celebró la contrata con el Sindicado.

En la memoria del Ministro de Fomento, presentada al Congreso Nacional en enero de 1899, que acompaño como anexo, se dió cuenta de que la compañía había construido las cinco millas de vía férrea hacia el Sur de La Pimienta. No puede, pues, el Sindicado afirmar que las cinco millas relacionadas han sido construidas por él bajo la vigencia de la contrata de 1900, ni puede atribuirse la propiedad de esa obra, cuando su representante Mr. Bleekman, en el artículo final de la contrata declaró: "que no habiendo cumplido la Honduras Rail Road Co las obligaciones que le imponía la concesión que obtuvo del Gobierno en 1896, aprobada por decreto legislativo No 76, dicha contrata está anulada, y ningún derecho queda por razón de ella a dicha compañía".

Hay que considerar, además, que no habiéndose construido el puente sobre el río Ulúa, a cuya margen izquierda se encuentra la vía de La Pimienta, donde termina el Ferrocarril arrendado, no pueden conceptuarse abiertas al servicio público las cinco millas relacionadas, en las cuales no hay, ni ha habido, ningún servicio regular de trenes. —[Anexo No 10.]

## VII

En virtud de lo expuesto, es evidente:

1º — Que no habiendo construido el Sindicado el puente sobre el río Ulúa, no tiene derecho a reclamación alguna por la rescisión de hecho estipulado en el contrato, ni a proponer arbitramento [arts. 2º y 3º de la contrata).

2º —Que el Gobierno de Honduras, al posesionarse del trayecto del Ferrocarril, no usó de arbitrariedad o violencia, sino de la facultad que le otorgaba el contrato; y que el representante del Sindicado, convencido del derecho que asistía al Gobierno, mandó entregarle voluntariamente la sección arrendada del Ferrocarril.

3º —Que en esta rescisión no se tomó en cuenta la protesta de los Tenedores de Bonos, sino solamente la falta de cumplimiento del Sindicado.

4º —Que el Sindicado no ha hecho mejoras en la línea arrendada y que aunque las hubiera verificado, no tendría derecho, para reclamar indemnización, por haberse estipulado así en la contrata.

5º —Que las cinco millas de vía férrea hacia el Sur de La Pimienta ya estaban construidas en 1900, fecha en que se celebró la contrata última con el Sindicado, y que por consiguiente éste no tiene ningún derecho sobre esa línea (Anexo No. 11).

En conclusión, me permito recordar que el Gobierno de Honduras, interesado en que se lleve a cabo la construcción del Ferrocarril de mar a mar, ha venido otorgando concesiones liberales a varias compañías, las cuales desgraciadamente, no han hecho otra cosa que explotar el Ferrocarril construido y aprovecharse de sus productos. La línea está desde hace algunos años en el punto de La Pimienta, como contenida por la barrera del río Ulúa, cuyo puente no se ha construido aún.

En la contrata misma del Sindicado, consta la declaración de que la anterior Compañía no cumplió las obligaciones que le imponía la concesión que se le hizo en 1896; y así como ésta las demás compañías arrendatarias expresamente han reconocido su falta de cumplimiento.

Quizá si el país hubiera acometido con sus solos esfuerzos esa obra, la hubiera terminado ya sin grandes sacrificios.

Con vista de esta exposición y de los documentos que la acompañan y justifican, confía el Gobierno de Honduras que el Gobierno de esa gran Nación rechazará la reclamación injusta de la Honduras Syndicate, estableciendo así un lazo más de armonía entre este y ese Gobierno, que tan digno es de nuestras simpatías por su reconocido espíritu de justicia y por el celo con que ha defendido siempre los intereses del Nuevo Mundo.

Tegucigalpa: agosto 22 de 1903.     Mariano Vásquez

No...
Legation of the United States,
Guatemala and Honduras

Guatemala, september 14, 1903.

His Excellency Mariano Vásquez, Minister of Foreign Affairs,
Tegucigalpa, Honduras.

Sir:
Y have the honor to confirm the following telegrams:

TELEGRAM RECEIVED

Tegucigalpa, August 27, 1903.

Most Excellency Sir, Leslie Combs, Guatemala.

Y have the honor to make known to Your Excellency that my Government's reply to the claim of the Honduras Syndicate for having rescinded its lease of the Inter-Oceanic Railroad was mailed in this Capital on the 22nd instant. Y trust Your Excellency will be pleased to advise me the date of its reception and subscribe myself, with sentiments of distinguished consideration.
 Your Excellency's most.
 Obedient servant,
        ***MARIANO VÁSQUEZ.***
 TELEGRAM SENT:

"Guatemala, September 12, 1903.

His Excellency Mariano Vásquez, Minister of Foreing Affairs,
Tegucigalpa, Honduras,
 Y have the honor to acknowledge the receipt of Your Excellency's reply to the claim of the Honduras Syndicate.
 Y a, with sentiments of esteem, Your Excellency's most,
Obedient servant,

*LESLIE COMBS."*

Y embrace this opportunity to renew to Your Excellency the assurance of my most distinguished consideration.

*LESLIE COMBS."*

# CONTRATO
## De arriendo y reconstrucción del Ferrocarril Nacional

Tegucigalpa 16 de julio de 1908.

El presidente de la República

### ACUERDA

1º —Aprobar el contrato que dice:—«Francisco A. Rodríguez, Oficial Mayor del Ministerio de Fomento y Obras Públicas, en nombre del Gobierno de Honduras, que en adelante se llamará el Gobierno, por una parte; y por otra, el señor Isa Willard Hein, como apoderado del señor Washington S. Valentine, que en adelante se llamará el Contratista, han convenido en celebrar y al efecto celebran el contrato siguiente, para el arriendo y reconstrucción del ferrocarril nacional:

**Artículo 1º**—Sin perjuicio de las propuestas pendientes y de las que en lo sucesivo se presenten para la continuación del ferrocarril al interior o la construcción del interoceánico, el Gobierno da en arriendo al Contratista, sus herederos ó cesionarios, por el término de doce años, contados desde la fecha en que este contrato fuere aprobado por el Congreso Nacional, la línea existente del ferrocarril nacional entre Puerto Cortés y La Pimienta, en el estado en que se encuentre en aquella fecha, juntamente con todas sus dependencias, estaciones, material rodante, herramientas y accesorios que, según inventario le pertenece, para su reparo y explotación, bajo las condiciones siguientes; siendo entendido que el expresado término de doce años podrá prorrogarse de seis en seis años, de común acuerdo entre el Poder Ejecutivo y el Contratista, sin necesidad de nueva aprobación por el Congreso, pero sin pasar de un total de treinta años, contados desde la fecha en que empiece el arrendamiento, y con la precisa condición de que, en caso de prórroga, el precio del arriendo se aumentará cada seis años en la proporción de cinco mil pesos por cada año, tomando por base el precio que se haya pagado en el último año del término de esta contrata para la primera prórroga y el de cada una de éstas para los siguientes:

a) El Contratista se obliga a reconstruir, dentro de los tres años siguientes a la aprobación de este contrato, dicha línea del ferrocarril nacional entre Puerto Cortés y la Pimienta, empezando dicha obra de reconstrucción dentro de los tres meses siguientes a la aprobación de este contrato; debiendo reconstruir cada año un total de ferrocarril equivalente a la tercera parte de la línea existente. Se compromete a construir el terraplén, renovar los rieles y durmientes, construir puentes, poner lastre de buena clase sobre la vía, proveer las locomotoras, carros y enseres necesarios para el tráfico, y poner y mantener la línea y su equipo en buen estado para el servicio del comercio.

b) El Contratista se obliga a construir ramales del ferrocarril existente, de la misma anchura y condiciones de la vía principal, por los terrenos vecinos en que se cultivan o puedan cultivarse bananos en cantidad suficiente para garantizar el tráfico, sometiendo los planos de dichos ramales a la aprobación del Gobierno, previamente; y la suma de los ramales construidos dentro de los primeros seis años de este contrato no bajará de veinticinco millas.

c) El Contratista se obliga a conservar el ferrocarril en tan buena condición que los trenes puedan hacer el viaje de un extremo a otro, y efectuar el viaje en un mismo día, si fuere necesario, o sea a razón de doce millas por hora, sin contar las paradas necesarias en las estaciones, de acuerdo con los reglamentos del ferrocarril.

d) El Contratista se obliga a construir las locomotoras y carros que hubieren quedado arruinados, proveyéndolos en número suficiente para el tráfico y de la clase que es generalmente usada en los ferrocarriles de Centro América, y a conservar el material rodante en buenas condiciones para el servicio público.

e) Es convenido entre el Gobierno y el Contratista que al hacer la reconstrucción de la vía ésta no será menos ancha que la línea existente, si no puede ser de la anchura llamada standard, a opción del Contratista; las pendientes máximas no pasarán de tres por ciento, y las curvas no tendrán una combadura de más de veinte grados, excepto en los cambios "Y Y", y en las estaciones, en cuyos lugares se podrán hacer de conformidad con las necesidades; pero siempre cuidando de la seguridad y buen servicio del público. La reconstrucción se hará a satisfacción del Gobierno, quien podrá enviar a su Ministro de Fomento o a cualquiera otro empleado o particular, Ingeniero, para que haga las observaciones que crea convenientes sobre el particular, las cuales serán atendidas por el Contratista.

**Artículo 2º**—El Contratista se comprometo para sí, sus herederos o cesionarios a pagar al Gobierno, como arrendamiento del ferrocarril, las sumas siguientes: Por los primeros cuatro años de este contrato, además de reconstruir la línea existente y de construir los ramales en la proporción correspondiente, conforme a la base indicada en el inciso (b) del artículo anterior, el Contratista pagará al Gobierno, enterándola en la Caja Nacional, al ser aprobado este contrato por el Congreso Nacional, la suma de cien mil pesos plata o sea a la razón de veinte y cinco mil pesos por cada año; pasados los primeros cuatro años, el Contratista pagará al Gobierno, como arrendamiento del ferrocarril por los siguientes cuatro años, la suma de ciento veinte mil pesos plata, o sea a razón de treinta mil pesos por cada año, pagándola por trimestres, a razón, de siete mil quinientos pesos cada tres meses: pasados los primeros ocho años de este contrato, además de tener la línea en buen estado, el Contratista pagará al Gobierno, como arrendamiento del ferrocarril por los siguientes cuatro años, la suma de ciento sesenta mil pesos por año, o sea a razón de cuarenta mil pesos por cada año, pagándola por trimestres, a razón de diez mil pesos cada tres meses. Si el Contratista hubiere cumplido sus obligaciones durante los primeros doce años, tendrá derecho a la prórroga de que habla el artículo 1º de este contrato, y entonces, además de tener la línea en buen estado, pagará al Gobierno, como precio del arrendamiento del ferrocarril por los primeros seis años de prórroga, la suma de doscientos setenta mil pesos plata, o sea a razón de cuarenta y cinco mil pesos por cada año, pagándolos por trimestres, a razón de once mil doscientos cincuenta pesos cada uno; por la segunda prórroga de seis años, pagará la suma de trescientos mil pesos plata o sea a razón de cincuenta mil pesos por cada año, pagándola por trimestres, a razón de doce mil quinientos pesos cada tres meses; y por la última prórroga de seis años, pagará la suma de trescientos treinta mil pesos, o sea a razón de cincuenta y cinco mil pesos por cada año, pagándola por trimestres de trece mil setecientos cincuenta pesos cada trimestre, los pagos de que se trata podrán efectuarse en la Administración de Aduana de Puerto Cortés.

**Artículo 3º**—El Gobierno concede al Contratista el libre y exclusivo uso de cien pies de terreno nacional libre a cada lado de la vía y sus ramales, en todo su largo, para uso del ferrocarril o para construcción de desviadores, sucursales, talleres, estaciones, etc, etc., y además quinientas hectáreas de terrenos nacionales baldíos por cada kilómetro de camino ferrocarrilero nuevo construido por él, en virtud de este contrato, las cuales serán elegidas por el Contratista y medidas a su costa en lotes alternados con otros iguales para el Gobierno. Los edificios o plantaciones existentes ahora, que no intervengan con el tráfico, pueden quedar como están provisionalmente: pero el Contratista deberá cuidar de que de aquí en adelante esta faja sea preservada, sin perjuicio de las propiedades privadas que sean mantenidas bajo título legal. En caso que la empresa necesite para fines del ferrocarril el terreno ahora ocupado dentro de la línea establecida, el Contratista pagará, como indemnización a los propietarios, el valor del terreno y el de las mejoras, edificios, etc., etc., que en el existan, a justa tasación de peritos, si el Contratista no los pudiera adquirir mediante arreglo con los interesados, en cuyo caso el Gobierno se obliga a acordar la expropiación correspondiente.

**Artículo 4º** —El Contratista tiene derecho para tomar de los terrenos nacionales o municipales, las maderas y otros materiales de construcción para edificios o ferrocarriles, tales como piedra de cal, mármol, arena, arcilla, madera para durmientes y puentes, etc., etc., pero sin perjudicar derechos previamente adquiridos y el uso general del público.

**Art 5º** —El Gobierno concede al Contratista, durante el término de este contrato, la autorización para importar al Estado, libre de derechos aduaneros y de toda clase de impuestos fiscales y municipales, marítimos y terrestres, establecidos y por establecer, todas las maquinarias, carros, herramientas, rieles, durmientes, muebles para estaciones y oficinas, y en general, todos los artículos y materiales necesarios para construir, expropiar, proveer, mantener, administrar y explotar el ferrocarril, con todas sus dependencias y ramales, entendiéndose, sin embargo, que esta autorización no comprende el vestuario y provisiones de boca, ni aquellos artículos ú objetos cuya importación esté monopolizada o prohibida en virtud de leyes vigentes, á excepción de la dinamita u otros explosivos, que podrán ser introducidos en la cantidad que exijan las necesidades de la empresa, quedando, en cuanto a su importación, conservación y administración, sujetos a las disposiciones reglamentarias que dicte el Poder Ejecutivo. Dichas maquinarias, materiales, etc., serán entregados al Contratista inmediatamente al llegar a Puerto Cortés, al presentar al Administrador de Aduana de dicho puerto los respectivos papeles de registro.

**Artículo 6º** —Respecto a designios legales, se declara obra de utilidad pública la reconstrucción del ferrocarril y la construcción de sus ramales a que se refiere este contrato; y en tal virtud el Contratista gozará de todos los derechos otorgados por la ley a las empresas de esta clase,

**Artículo 7º**—El Contratista tendrá el derecho de construir, mantener y usar, en todo el trayecto de la línea férrea y sus ramales, líneas telegráficas y telefónicas destinadas al uso exclusivo del ferrocarril, las cuales no podrán, por tanto, servir directamente al público sino mediante previo arreglo con el Gobierno; pero el Gobierno podrá hacer uso de ellas sin remuneración alguna para la empresa. El Contratista tendrá el uso libre de la línea telegráfica entre Puerto Cortés y La Pimienta y en toda la República, para los fines del ferrocarril.

**Artículo 8º**—El Contratista tiene el derecho de utilizar cualquiera fuerza hidráulica que se encuentre en las inmediaciones de la línea sobre terrenos nacionales o municipales, para destinarlas a la producción de fuerza motriz, para el beneficio del ferrocarril y sus dependencias.

**Artículo 9º**—Los empleados y operarios de nacionalidad hondureña o nacionalizados que acepte el Contratista en la empresa del ferrocarril, gozarán, en tiempo de paz, la exención de todo servicio militar y de paradas, mientras estén al servicio de la empresa.

En tiempo de guerra, la exención será solamente para los operarios indispensables para hacer operar al ferrocarril, sin que su número pueda exceder de lo ocupado habitualmente en tiempo de paz.

**Artículo 10**—El contratista se obliga a formar y publicar un reglamento del ferrocarril, que se someterá previamente a la aprobación del Gobierno, y una tarifa de pasajes y fletes que haya de cobrarse. El reglamento se sujetará a las leyes del país; y en la tarifa no se podrá establecer, sin el previo consentimiento y aprobación del Gobierno, precios más altos que los actualmente vigentes bajo el manejo del ferrocarril por el Gobierno, tomando por base la equivalencia en oro americano el cambio de un ciento por ciento de premio. El Contratista tratará con estricta imparcialidad a todos los que tengan negocios con el ferrocarril, y no especulará directa ni indirectamente en el negocio de fruta, como tampoco dará preferencia a nadie. En consecuencia deberá el Contratista recibir y transportar a los nacionales, lo mismo que a los extranjeros, toda la fruta que para el efecto le presenten, y cualquiera persona o empresa que se crea perjudicada de algún modo en este sentido, podrá reclamar al Contratista indemnización de perjuicios conforme a las leyes del país.

**Artículo 11**—El Contratista se obliga á conducir gratis en los trenes ordinarios de pasajeros a los miembros principales de los Poderes Ejecutivo, Legislativo y Judicial del Estado, á los Agentes Diplomáticos, a los Gobernadores, Comandantes departamentales, Magistrados y Jueces de Letras y a los Comandantes y Administradores de Aduana de los puertos, siempre que los funcionarios viajen en carácter oficial. El Contratista se compromete asimismo á llevar en los trenes regulares de pasajeros, libre de pasaje o flete alguno, durante el término de este contrato, a los correos ambulantes y carteros con correspondencia nacional, en divisiones especialmente proveídas en los carros para tal servicio. Para servicio especial, se cobrará el costo más quince por ciento. Los demás empleados civiles del Gobierno que presenten debida constancia de su posición oficial, serán conducidos por la mitad del valor de los precios establecidos para los particulares. El Contratista se obliga a llevar tropas militares de alta, lo mismo que elementos de guerra en

tiempo de paz, bajo orden del Comandante General del Ejército o del Ministerio de la Guerra, durante el término de este contrato, libres de pasajes o flete alguno. El Contratista se obliga a suplir trenes especiales para el trasporte de tropas y municiones, en tiempo de Guerra, bajo orden del Comandante General del Ejército o del Ministro de la Guerra por el costo de tal servicio, más quince por ciento. Las especies fiscales del Estado y todos los objetos, materiales o artículos de cualquiera clase que sean, pertenecientes al Gobierno o destinados al servicio público, serán conducidos gratuitamente, durante el término de este contrato, sobre toda o cualquiera parte de la línea en los trenes ordinarios cuando se presentan con sus debidas constancias. El Contratista no podrá ser empresario o productor de fruta en la zona del ferrocarril, sino que se concretará al servicio o negocio del flete de los productos de los agricultores que necesiten y deseen trasportarlos
en el ferrocarril.

**Art. 12**—El Contratista está autorizado para trasferir en todo o en parte los derechos y obligaciones aquí concedidos, a cualquiera persona, asociación o compañía, excepto a los Gobiernos o Corporaciones de derecho público de estados extranjeros, con el previo consentimiento del Gobierno, el cual no deberá ser rehusado sin una causa justa. El Contratista, sus herederos o cesionarios pueden hipotecar los derechos adquiridos sobre los ramales que construyan, ya por acciones, ya por bonos, o de cualquiera otro modo que le parezca.

**Artículo 13**—Bajo arreglo especial con el Gobierno, el Contratista puede construir el puente sobre el río Ulúa a La Pimienta, ya sea por cuenta del Gobierno ya sea por cuenta propia.

**Artículo 14**— El presente contrato no impedirá al Gobierno conceder en cualquier época una o varias concesiones para la construcción del ferrocarril interoceánico o para el arreglo de la deuda del ferrocarril, o para ambas cosas a la vez, en que se obligue a vender o entregar la línea férrea existente; y en tal caso el Gobierno deberá notificar al Contratista la celebración de dicha contrata o concesión, debiendo el Contratista, dentro de noventa días, contados de la fecha dela notificación, entregar la vía, con todas sus mejoras, dependencias, etc., al Gobierno o a la persona o compañía concesionaria, previo el pago de las mejoras verificadas y materiales puestos al servició del ferrocarril, cuyo valor se fijará por arbitradores nombrados uno por cada parte el valor del puente sobre el río Ulúa, si el Contratista lo construyere por su cuenta, y el de los ramales que se hubieren construido, se avaluará también por arbitradores.

**Artículo 15**— El Gobierno garantiza al Contratista que durante el período de este contrato, no permitirá la construcción de ninguna otra línea férrea paralela en una zona de cuarenta kilómetros a cada lado, destinada a juntar entre sí los términos a que se refiere este contrato; pero pueden cruzar dicha zona y aun la vía, líneas destinadas á puntos distintos y que no intervengan en el tráfico de la línea existente, todo lo cual se entiende sin perjuicio de lo dispuesto en el artículo anterior.

**Artículo16**—Queda exenta esta empresa del pazo de todo impuesto nacional, departamental o municipal, que exista o pueda, existir, respecto a los bienes que posea la empresa destinados al ferrocarril, así como respecto a los productos de éste.

**Artículo 17**—El Gobierno se obliga a suministrar gratuitamente la policía o fuerza militar que pida el Contratista y sea indispensable para conservar el orden en la línea o preservar la propiedad de la empresa.

**Artículo 18**—El presente contrato caducará y la caducidad será declarada por el Poder Ejecutivo, por falta de cumplimiento por parte del Contratista de cualquiera de las obligaciones siguientes:
a) Si no empieza el Contratista la obra de reconstrucción de la línea dentro de los primeros tres meses, contados desde la fecha de la aprobación de este contrato por el Congreso.
b) Si el Contratista no paga cualquiera de las sumas especificidas por arrendamiento del ferrocarril, en los plazos fijados.
c) Si no ha cumplido el Contratista las obligaciones contraídas respecto a la reconstrucción de la línea existente, y a la construcción de los ramales especificados durante el término estipulado.

**Artículo 19**—Declarada la caducidad de este contrato por cualquiera de las causas mencionadas, el Contratista quedará dueño de las obras construidas por él, con la condición de venderlas al Gobierno a un precio convenido o determinado por arbitradores. Las obras de reconstrucción quedarán á beneficio del Estado, sin remuneración.

**Artículo 20**—Como garantía del fiel cumplimiento de este contrato, el Contratista se compromete a pagar al Gobierno, al ser aprobado este contrato por el Congreso Nacional, los cien mil pesos fijados como precio del arrendamiento del ferrocarril por los primeros cuatro años, conforme al artículo 2º de este contrato.

**Artículo 21**— En ningún caso podrá el Contratista ocurrir a la vía diplomática, la cual renuncia, para reclamar algo que se relacione con el presente contrato o que de él se origine.

**Artículo 22**—En caso de desacuerdo entre el Gobierno y el Contratista, por falta de cumplimiento de este contrato, en cualquiera de sus partes, se someterán las diferencias a la decisión de dos amigables componedores, que deberán ser de buena y reconocida reputación, nombrados uno por cada parte, quienes, en caso de desacuerdo, nombrarán un tercero; y si no se avinieren para este nombramiento, la designación se efectuará por sorteo entre cuatro candidatos, que deberán ser de buena y reconocida reputación, que propondrán por mitad el Gobierno y el Contratista, pudiendo las partes presenciar el sorteo. Si alguno de ellos no presenta candidatos dentro del término que el Juez señalare, la designación se hará por este funcionario. Contra el fallo de la mayoría no se dará otro recurso que el de casación. El arbitramento deberá organizarse en la capital de Honduras, si los arbitradores no convinieren en otro lugar de la República.

**Artículo 23**— Vencido el término de este contrato, el ferrocarril que hubiere sido reconstruido de la línea existente con su material rodante, almacenes dependencias, etc., tomando en consideración las millas en operación y la cantidad del tráfico, pasará al Gobierno sin indemnización alguna: pero el Contratista quedará dueño de las obras nuevas que construya, es decir, de los ramales del puente Ulúa, si lo hiciere a su costa, con la condición de venderlas al Gobierno a un precio convenido entre ambas partes ó fijado por arbitramento, según lo dispuesto en el artículo anterior.

**Artículo 24**— Si el Gobierno otorgare la concesión del ferrocarril interoceánico a que se refiere el artículo 14 de este contrato o declarase la caducidad antes de los primeros cuatro años del arrendamiento, se obliga a devolver al Contratista la parte proporcional de los cien mil pesos recibidos, computada en razón del tiempo que falte de los cuatro años.

**Articulo 25—** Es convenido y entendido que el presente contrato no perjudicará los derechos de tercero, adquiridos con anterioridad a esta fecha. En fe de lo cual, firman el presente contrato en Tegucigalpa, a dieciséis de Julio de 1908.—Francisco A. Rodríguez.—Isa Willard Hein; y

2º —Que del presente acuerdo se dé cuenta al Congreso Nacional en sus próximas sesiones, para los fines de ley. Comuníquese.

*DÁVILA.*

El Secretario de Estado en el Despacho de Fomento y Obras Públicas, por la ley,

*Alberto A. Rodríguez.*

# CONVENIO
### adicional al de arriendo y reconstrucción del Ferrocarril Nacional.

**Entra el contrato de arriendo en ejecución inmediata**

Tegucigalpa: 16 de julio de 1908.

El Presidente

ACUERDA:

Aprobar el convenio adicional que dice: "Francisco A. Rodríguez, Oficial Mayor del Ministerio de Fomento y Obras Públicas, en nombre del Gobierno de Honduras, que en adelante se llamará el Gobierno, por una parte, y por otra, el señor Isa Willard Hein, como apoderado del señor Washington S. Valentine, que en adelante se llamará el Contratista, han convenido en adicionar en los términos siguientes el contrato celebrado en esta fecha entre ambas partes para el arriendo y reconstrucción del ferrocarril nacional:

**Artículo 1º** —El Contratista paga al Gobierno en esta fecha la suma de setenta y cinco mil pesos plata a cuenta de los cien mil a que se refiere el artículo 2º de la contrata principal firmada esta misma fecha entre ambas partes y relativa al arriendo y reconstrucción del ferrocarril nacional; y se obliga a pagar al Gobierno los veinticinco mil pesos restantes el día quince de septiembre del corriente año.

**Artículo 2º** — El Gobierno, en cambio, se obliga a entregar al Contratista el ferrocarril nacional desde luego, para lo cual dará las ordenes necesarias al actual Superintendente; debiendo, en consecuencia, tenerse como fecha del comienzo del arriendo del ferrocarril la en que lo reciba el Contratista.

**Artículo 3º** —En caso de que el Congreso Nacional no aprobare el referido contrato relativo al arriendo del ferrocarril, el Gobierno devolverá al Contratista las cantidades que de este hubiere recibido a cuenta del precio del arriendo, con la deducción correspondiente al tiempo que el Contratista lo hubiere tenido en su poder; y el Contratista entregará al Gobierno el ferrocarril al recibir dichas cantidades. En fe de lo cual, firman el presente convenio en Tegucigalpa, a los diez y seis días del mes de julio de mil novecientos ocho.—Francisco A. Rodríguez.—Isa Willard Hein. — Comuníquese.

*DÁVILA.*

El Secretario de Estado en el Despacho de Fomento y Obras Públicas, por la ley,

*Alberto A. Rodríguez.*

# Contrata para la construcción del Muelle de Puerto Cortés

DECRETO NUMERO 75. [10]

El Congreso Nacional,

DECRETA

**Artículo único:** Apruébase en los siguientes términos la contrata que dice:

"Manuel Ugarte, Inspector General de Hacienda, con autorización y en nombre y representación del Gobierno de la República de Honduras, por una parte, y W. S. Valentine y George I. Scott, ciudadanos americanos, casados y vecinos de New York, por otra, celebran el contrato siguientes, modificando el contrato que a favor de Valentine fue aprobado por la Asamblea Constituyente, en el Decreto número 44 emitido el 7 de junio de 1895.— 1º - Scott y Valentine se obligan a hacer por su propia cuenta los cambios o mejoras siguientes en el muelle construido en Puerto Cortés y a que se refiere el decreto mencionado, mejoras que benefician el servicio público en general, al comercio y muy especial mente a la agricultura, al negocio de guineos y al Fisco: darle a dicho muelle una extensión de doscientos veinticinco a doscientos cincuenta pies de largo hacia el frente, por veinticinco a treinta pies de altura, según el plano presentado. —2º —Asimismo se obligan á construir sobre dicho muelle una casa con bodega, que será propiedad del Gobierno y destinada para la Aduana y Comandancia, y otra casa parecida á la anterior, al lado opuesto, en el mismo muelle, que podrá servir para estación del ferrocarril. La expresada casa del Gobierno será hecha de madera, con el techo de zinc; constará de dos pisos y tendrá encima una torre para la guardia. El piso de abajo será dividido para despacho del Administrador, el de arriba será para el de la Comandancia. Tendrá dicha casa cuarenta y ocho pies de largo, veintiocho pies de ancho, y

---

[10] La Gaceta.—Tegucigalpa, 16 de abril de 1896--Serie 133-Número 1330.

un corredor del lado del mar, de seis pies de ancho por el mismo largo de la casa. El primer piso será de diez y nueve pies de alto y de diez y seis el segundo. la torre sobre el techo del segundo piso tendrá diez y siete pies de altura y será de doce pies de ancho, con una reja de treinta pulgadas de alto alrededor, dando una altura por lo menos de sesenta pies sobre el nivel de mar, conforme al respectivo plano; altura suficiente para divisar toda la extensión del puerto. La casa de que se hace referencia será de sólida construcción, empleando en ella buena madera; tendrá las puertas y ventanas debidas, así como vidrieras y una escalera del primero al segundo: piso. Además se pintará con el color que el Gobierno o su representante, autorizado al efecto, escoja. La bodega constará de setenticinco pies de largo, por el mismo ancho de la casa, bien entablonada, con puertas y ventanas de madera y techo de zinc. Verificada la construcción del edificio expresado, los contratantes Valentine y Scott lo entregarán al Gobierno. Se fija su valor total en doce mil peso—3º - Valentine y Scott, se obligan a mantener el muelle, durante el término de esta contrata, en buen estado de servicio, y en condiciones convenientes para el embarque y desembarque de fruta y de mercaderías, y se comprometen a tenerlo concluido y con las mejoras referidas, abierto al servicio público, dentro de catorce meses, a contar del día en que el Congreso apruebe esta contrata.—4º —El muelle tendrá rieles para que los trenes del ferrocarril puedan llegar a los vapores.—5º — El Gobierno manda que se embarquen y desembarquen por el muelle, todos "los objetos que se exporten o importen por aquel puerto, así como los pasajeros que salen de él ó entran a dicho puerto. La tarifa del muelle, será la siguiente: Importación y exportación, 20 centavos por quintal; guineos, 4 centavos cada racimo; ganado mayor, $ 2.50 cabeza; ganado menor, $ 1.50 cabeza; pasajeros, $ 1,00 cada uno; equipaje, 25 centavos quintal; por los bultos que pesen más de mil libras o midan más de ochenta pies cúbicos, se cobrará cincuenta centavos por quintal o cinco centavo por pié, siendo a voluntad de los concesionarios cobrar peso o medida. La carga y descarga de embarcaciones y trenes será por cuenta de los interesados; el muelle sólo tiene que dar lugar a que los vapores atraquen en él y los trenes lleguen al costado de los vapores, y está obligado a tener cuanto sea necesario para embarque y desembarque. Pertenecen a la Hacienda

Pública, dos centavos netos de los cuatro que se cobren por muellaje de guineos; pero Scott y Valentine entregarán mensualmente sólo un centavo, quedando abonado el otro centavo al pago de los mencionados doce mil pesos, valor de la casa, según el artículo 2º — Una vez liquidado el valor total de los doce mil pesos, Scott y Valentine pagarán al Gobierno dos centavos netos por cada racimo dos guineos, durante todo el término de esta contrata. De todo otro muellaje pagarán al Gobierno mensualmente la mitad del producto bruto. El Gobierno podrá inspeccionar, por medio de sus empleados, en cuenta de muellaje percibido.—7º—Los empresarios del ferrocarril tendrán el derecho de desembarcar libremente por el muelle, todos los materiales destinados a la construcción y sostenimiento de las líneas férreas y demás útiles que necesiten para las oficinas, empleados, etc., siendo dé cuenta de ellos todos los gastos de trasporte que ocasionen.—8º —El Gobierno tendrá el derecho de usar libremente el muelle para embarcar y desembarcar los artículos pertenecientes al Estado, empleados, tropas etc.—9º - La presente contrata durará por el término de doce años, prorrogables a voluntad del Gobierno, y comenzará a regir desde el día de su aprobación por el Congreso, pasado este término, el Gobierno podrá tomar el muelle, pagando su valor a justa tasación de peritos, o dejará que los empresarios dispongan a su arbitrio de él, —10.—El Gobierno permitirá la libre introducción de los materiales que se importen para la construcción y sostenimiento del muelle, y eximirá del servicio militar y de cargos concejiles á los agentes de los empresarios.—11.- Los empresarios podrán traspasar esta concesión á otra persona o compañía, con el previo consentimiento del Gobierno.—Tegucigalpa, marzo 2 de 1896.—Manuel Ugarte.W. S. Valentine. George Isham Scott".

Dado en Tegucigalpa, en el salón de sesiones, a veinticuatro de marzo de mil ochocientos noventa y seis.
PEDRO H. BONILLA,
Presidente.

JULÍAN BAIRES,
Secretario.

R. MALDONADO
Secretario

Al Poder Ejecutivo

Por tanto: Ejecútese.

Tegucigalpa: 27 de marzo de 1896.

P. Bonilla.

El Secretario de Estado en el Despacho de Fomento, por ministerio de ley,

Carlos A. García,

## CONTRATO
### de prórroga de construcción de un muelle en Puerto Cortés

Tegucigalpa, 20 de agosto de 1907,

Visto el memorial presentado el 15 de julio próximo anterior por el señor W. S. Valentine, en que propone al Gobierno, por sí y en nombre de sus socios, se prorrogue por otros doce años la contrata celebrada el 2 de marzo de 1896 sobre la construcción y explotación del muelle de Puerto Cortés.

Considerando: que la construcción del referido muelle ha sido beneficiosa para el país y que el señor Valentine ofrezca ahora mejorar, para el Estado, las condiciones estipuladas en la contrata primitiva.

El Presidente Provisional, en Consejo de Ministros,

ACUERDA:

Prorrogar la contrata en referencia por el término de doce años, á partir del 2 de marzo de 1908, en los términos siguientes:

1º —Valentine queda obligado:

a) A reconstruir formalmente, con maderas finas, durables, el muelle existente, y a reparar los edificios anexos dentro de un año, á partir de esta fecha.

b) A aumentar la extensión del muelle actual y en las mismas condiciones de sólida construcción, 80 metros más o menos con dirección al Oeste, dándole en toda la extensión una anchura aproximada de 15 metros, y prolongar sobre la vía férrea actual en doble vía y con los switches necesarios para el servicio simultáneo de carga y descarga de los vapores que atraquen en la extremidad del muelle.

c) A construir un muelle adicional al lado opuesto a la Aduana y enfrente de ésta, de 17 metros de largo por doce de ancho, a fin de que un vapor pueda cargar o descargar antes o después de recibir la fruta. Este muelle anexo tendrá un corredor o pasadizo cubierto con techo de lámina de zinc, el cual será de 7 metros de anchura y provisto de rieles al nivel del piso, o suspendidos, conducir la carga en carros directamente a la Aduana.

d) A establecer al lado oriental de esto muelle anexo la corredera de ganado para facilitar su embarque.

e) A construir al lado oriental de la Aduana una casa destinada para estación del ferrocarril, de un piso, de 15 metros de largo y de la misma anchura de la casa de la Aduana.

2º- Las construcciones a que se refieren los incisos precedentes desde el (b) al (c) inclusive, serán terminadas dentro de los dos primeros años de la prórroga concedida.

3º —Valentine se compromete a mantener todo el muelle principal y anexos en buen estado de reparo durante todo el tiempo de esta prórroga.

4º —Sin perjuicio de lo prevenido en el artículo precedente, el concesionario y sus socios se obligan a renunciar a la parte de derechos del muellaje que les corresponde por los últimos tres meses del tiempo de este contrato con el objeto de destinar ese producto, junto con el que al Gobierno le corresponda en los mismos tres meses, para la reparación formal del expresado muelle al expirar el tiempo de la contrata.

5º —El día que la presente prórroga termine, Valentine y sus socios entregarán el muelle, edificios y demás instrucciones anexas, al representante que el Gobierno designe y los dejarán a beneficio del Estado sin retribución de ninguna clase.

6° —En cuanto a la tarifa del muelle se harán, al empezar la prórroga, las rebajas siguientes: exportación de toda clase de productos del país (menos guineos y maderas), diez centavos en vez de veinte: ganado mayor cincuenta centavos cabeza, en vez de $ 2.50: ganado menor veinticinco centavos cabeza, en vez de $ 1.25; bultos de más 10 qq. de peso o que midan ochenta pies cúbicos se cobrará treinta centavos por quintal en vez de $ 0.50 o 0.04 por pie en lugar de 0.05, siendo á voluntad del Gerente del muelle cobrar por peso o por medida: madera de toda clase embarcada en la bahía o dentro de la jurisdicción de la Aduana de Puerto Cortés, $ 4.00 por millar de pies en vez de $ 0.20 por qq. Las maderas de construcción que se importen pagarán $ 4.00 el millar de pies. El carbón de piedra $ 2.00 la tonelada de dos mil libras.

7° —El manejo administrativo del muelle será regido por un reglamento especial que formará el concesionario y someterá a la aprobación del Gobierno.

8° — El Gobierno concede a la empresa del muelle la libre importación de todos los materiales, máquinas, herramientas, maderas de construcción, pilastras y demás enseres necesarios para la construcción, reconstrucción, mantenimiento y manejo del muelle y sus oficinas.

9° —Los empleados del muelle estarán exentos de toda clase de servicios militares o civiles en tiempo de paz.

10°.—El Gobierno se compromete durante el término de la contrata:

a) A prestar a la empresa del muelle todos los útiles, herramientas, máquinas, etc., del ferrocarril que se pudiere necesitar para la construcción, reconstrucción y mantenimiento del muelle, sin costo alguno; pero la empresa será responsable por el deterioro, rotura o pérdida de dichos enseres.

b) El uso libre del taller del ferrocarril para las obras necesarias del muelle, pagando solamente los sueldos de los mecánicos, carpinteros y obreros que se ocupen según las horas que sean ocupadas, y el valorá principal y costo de los materiales que se empleen; y,

c) El uso de los trenes necesarios para conducir los postes, maderas, piedras de relleno de la vía y entrada del muelle y todo el material que se necesite para la construcción y mantenimiento de dicho muelle, pagando solamente el sueldo de los empleados de los trenes y el valor del carbón o leña consumida en los viajes.

$11^0$.—Si Valentine y sus socios dejaren de cumplir las obligaciones que contraen en virtud de este acuerdo, caducará por ese mismo hecho la prórroga concedida, y el muelle y sus anexos pasarán a ser propiedad del Estado: entendiéndose que la caducidad sólo podrá tener lugar si Valentine y sus socios dejaren de cumplir después de ser requeridos con tres meses de anticipación.

$12^0$.—Para el cumplimiento de lo relativo a reconstrucciones y construcciones se tomarán en cuenta los casos fortuitos y de fuerza mayor, según la demora que ocasione.

$13^0$.— Quedan en vigor todos los puntos de la contrata primitiva en cuanto no se opongan á la presente.

$14^0$.—Cualquier desacuerdo entre el Gobierno y Valentine y sus socios, será resuelto por amigables componedores.—Co- muníquese,

*MIGUEL R. DÁVILA.*

El Secretario de Estado en el Despacho de Hacienda y Crédito Público,

*Miguel Oquelí Bustillo.*

El Secretario de Estado en el Despacho de Fomento y Obras Públicas por ministerio de la ley,

*Alberto A, Rodríguez.*

El Secretario de Estado en el Despacho de Gobernación,

*J. Ignacio Casto.*

El Secretario de Estado en el Despacho de Relaciones Exteriores, Justicia é Instrucción Pública,

*E. Constantino Fiallos.*

El Secretario de Estado en el Despacho de Guerra

*D. Gutiérrez.*

# CONTRATO
## de rescisión de los celebrados sobre el Ferrocarril Nacional y Muelle de Puerto Cortés

Tegucigalpa: 17 de marzo de 1909.

El Presidente

*ACUERDA:*

Aprobar en todas sus partes el convenio que dice: "Francisco A. Rodríguez, Oficial Mayor del Ministerio de Fomento y Obras Públicas y debidamente autorizado, en nombre y en representación del Gobierno, por una parte, y W. S. Valentine, por sí y en representación de sus socios, por otra, tomando en consideración que recientemente el Gobierno ha iniciado negociaciones con los Tenedores de Bonos para un arreglo de la deuda exterior de Honduras, en el cual se afectarán el ferrocarril y el muelle de Puerto Cortés; y a fin de que las contratas que tiene celebradas el gobierno con el señor Valentine para el arrendamiento y reconstrucción del referido ferrocarril y de la prórroga del muelle no sean un obstáculo para concluir un arreglo definitivo con los Tenedores de Bonos, de mutuo acuerdo han convenido en lo siguiente:

1º —Rescindir, como en efecto rescinden, la contrata de arrendamiento de la primera sección del Ferrocarril Interoceánico, celebrada el 16 de julio de 1908.

2º —Rescindir, asimismo, la prórroga del contrato del muelle de Puerto Cortés, celebrada el 20 de agosto de 1907.

3º —El señor Valentine entregará por inventario, a la persona que el Gobierno designe, el ferrocarril y muelle expresados, a más tardar el último de abril próximo, con todas sus mejoras y las dependencias que le corresponden.

4º — Al recibir el Gobierno los muebles referidos, entregará a Mr. Valentine la cantidad de setenta mil pesos oro americano ($ 70.000.00), a cuenta del anticipo de cien mil pesos plata ($ 100.000.00), hecho por el arrendamiento y del saldo que resulte a su favor por valor del muelle y de las mejoras que hubiere hecho al ferrocarril.

5º —El valor del muelle y sus dependencias, así como las mejoras al ferrocarril, serán valoradas por dos peritos, nombrados uno por cada parte, quienes tendrán la facultad de nombrar un tercero en caso de desacuerdo.

6º —El saldo que resulte a favor de Valentine sobre los setenta mil pesos oro americano ($ 70.000.00), le será pagado por el Gobierno con 1/2 porcentaje mensual de interés en las diez mensualidades subsiguientes.

7º —En garantía del pago de dicho saldo e intereses, el Gobierno compromete a favor de Valentine la mitad del producto bruto del muelle.

8º —El Ministerio de Hacienda queda encargado de verificar los pagos estipulados en el presente convenio.

9º —En fe de lo cual y dando por canceladas y sin ningún valor las contratas que se reciben, firman el presente en Tegucigalpa, a los 17 días del mes de marzo de 1909.—Francisco A. Rodríguez. —W. S. Valentine "—Comuníquese.

DÁVILA.

El Secretario de Estado en el Despacho de Fomento y Obras Públicas,

M. B. Rosales.

# Contrato para la construcción y explotación del faro de Puerto Cortés

**DECRETO NUMERO 31**

El Congreso Nacional,

**DECRETA:**

Artículo único. —Apruébase en los siguientes términos el acuerdo del Poder Ejecutivo que dice:

"Tegucigalpa: 4 de marzo de 1896— Vista la solicitud que el señor George L. Scott ha presentado al Gobierno, pidiendo se le conceda el derecho de construir y mantener un faro en el lugar llamado "La Punta", en jurisdicción de Puerto Cortés, según las bases que al efecto acompaña, el Presidente-ACUERDA: Conceder al señor Scott el derecho exclusivo, por diez años, para construir, colocar y explotar un faro en el lugar expresado, bajo las condiciones siguientes:

1º —El señor Scott colocará el faro en una torre de hierro que no bajará de treinta pies de altura, para que sea visible a seis millas de distancia. La luz será de sistema permanente y tendrá la potencia suficiente para percibirse a esa distancia.

2º —Scott se obliga a construir y a mantener, a su coste, una línea telefónica desde "La Punta" hasta el puerto, conexionada, con el edificio de la Comandancia, para dar aviso inmediato de la llegada de cualquiera embarcación.

3º —El faro se mantendrá constantemente encendido, desde las seis de la tarde hasta las seis de la mañana, a costa del concesionario, quien, además, tendrá continúa vigilancia sobre él.

4º —Scott tendrá derecho a cobrar, conformándose a las leyes marítimas, a toda embarcación de más de diez toneladas de registro, la suma de seis un cuartos centavos por cada tonelada; correspondiendo durante un año cuatro meses todo el producto del impuesto al señor Scott, pero en los años sucesivos corresponderán dos centavos a la Hacienda Pública, sin que por ellos tenga que contribuir en ningún gasto; y los cuatro y un cuartos restantes, al concesionario.

5º —Al fin de cada mes el señor Scott entregará a la Hacienda Pública la parte que le corresponde, debiendo el Gobierno inspeccionar por medio de sus empleados, la cuenta percibido del producto bruto percibido.

6º —Los empleados de la empresa estarán exentos de todo servicio militar o concejil.

7º —La empresa no será objeto de impuestos fiscales o locales y podrá importar libre de derechos, todo el material necesario para la construcción, equipo y mantenimiento tiempo de esta concesión del faro, durante el tiempo de esta concesión.

8º —A la espiración del término de la concesión, el faro y la línea telefónica quedarán de propiedad exclusiva de la Nación.

9º —Esta concesión podrá ser traspasada a otra persona o compañía, dando aviso al Gobierno.

10º —El término de conclusión o instalación del faro y de la línea telefónica es de diez meses, contados desde que el Congreso Nacional apruebe esta concesión,

11º —Se exceptúan del pago de tonelaje a que se refiere el artículo 4º las embarcaciones pertenecientes al Gobierno o fletadas por él.

12º —En garantía de que el concesionario cumplirá todas y cada una de las obligaciones antes expresadas, depositarán un quedam a la orden del Gobierno, firmado por Mr. Washington S. Valentine, por la suma de quinientos pesos pagaderos el día que caduque esta concesión por falta de cumplimiento a lo estipulado en el artículo 9º.

13º —Cualquiera falta a los plazos y estipulaciones que quedan consignados, dejará sin valor y efecto el presente acuerdo, del que se dará cuenta al Congreso para los fines de ley.—Comuníquese y registre—Bonilla. El Secretario de Estado en el Despacho de Fomento—.E. Constantino Fiallos.—Dado en Tegucigalpa, en el salón de sesiones, a los veintinueve días del mes de enero de mil ochocientos noventa y siete.

**JOSE MARIA REINA**
Presidente.

| JUAN B. SORIANO | CARLOS TORRES |
| --- | --- |
| Secretario | Secretario |

Al Poder Ejecutivo
  Por tanto: Ejecútese.

Tegucigalpa: 6 de febrero de 1897.

*P. BONILLA*

El Secretario de Estado en el Despacho de Fomento y Obras Públicas, por la ley,

Carlos A. García.

## Lo que debe el Muelle de Puerto Cortés

Puerto Cortés: julio 12 de 1899.

Señor Ministro de Fomento,

Tegucigalpa.

Cumple a mi deber informar a Ud. sobre la manera en que se cumple la Contrata del Muelle celebrada con los señores "Scott y Valentine," aprobada por Decreto Legislativo No 75, fecha 24, de marzo de 1896.

Según el estado que le remito adjunto, los concesionarios han pagado al Gobierno, de conformidad con el artículo 6º de la Contrata, la suma de ($ 23.258.13) veintitrés mil doscientos cincuentiocho pesos trece centavos, desde abril del 96, hasta mayo último, por el embarque de guineos (bananos) a razón de un centavo por cada racimo, reservándose igual cantidad para el pago de los doce mil pesos valor de la casa de Aduana que están obligados a construir en el mismo Muelle.

Como la construcción de esta obra está paralizada desde hace dos años próximamente, y el edificio de la Aduana aún no se ha comenzado, y el comercio aun continua pagando diez centavos por el acarreo de cada bulto desde el Muelle hasta el Almacén de la Aduana vieja, no considero inútil este informe para que el Gobierno disponga lo conveniente, pues dada la situación actual del Tesoro Público no dejaría de ser provechoso liquidar esta cuenta, y poder colectar el saldo de once mil doscientos cincuentiocho pesos trece centavos que quedan a favor de la Hacienda Pública deducidos ya los doce mil valor de la Casa Contratada, y continuar colectando dos centavos en vez de uno, por cada racimo que se embarca. En igual sentido me dirijo al señor Ministro de Hacienda con el fin de obtener cumplimiento de la Contrata de parte de los concesionarios.

Con toda consideración quedo de Ud. atento y S. S.

JUAN E. PAREDES.

## Más sobre lo que debe el Muelle de Puerto Cortés

Ministerio de Hacienda y Crédito Público
Tegucigalpa: 21 de mayo de 1900.
Señor Ministro:

Con instrucciones del señor Presidente de la República, tengo el honor de remitir a Ud. copia del cuadro que demuestra el vl. que desde el mes de abril de 1896 hasta el de febrero del corriente año, adeuda al Gobierno la Compañía del Muelle de Puerto Cortés.
Quedo de Ud. por su muy atento S. S.

CAMILO T. DURON, Subsecretario,

Al señor Ministro de Fomento y Obras Públicas.

Presente.

CUADRO del producto del Muelle de fruta que corresponde al Gobierno por embarque de quineos y que se ha reservado según el artículo 6° de la Contrata para construcción de los edificios de Aduana y Comandancia.

| 1896 | NÚM. DE RACIMOS | VALOR | TOTAL |
| --- | --- | --- | --- |
| Abril | 21.201 | $ 212.00 | |
| Mayo | 45.999 | 460.00 | |
| Junio | 41.387 | 413.87 | |
| Julio | 53.831 | 538.31 | |
| Agosto | 44.055 | 440.56 | |
| Septiembre | 50.048 | 500.50 | |
| Octubre | 30.986 | 309.87 | |
| Noviembre | 32.221 | 322.25 | |
| Diciembre | 37.891 | 378.93 | $ 3.576.29 |

| 1897 | NÚM. DE RACIMOS | VALOR | TOTAL |
|---|---|---|---|
| Enero | 18.800 | 188.00 | |
| Febrero | 45.245 | 452.43 | |
| Marzo | 74.325 | 743.25 | |
| Abril | 40.943 | 409.31 | |
| Mayo | 56.599 | 564.00 | |
| Junio | 102.202 | 1.022.18 | |
| Julio | 83.360 | 833.62 | |
| Agosto | 89.001 | 890.00 | |
| Septiembre | 65.200 | 652.00 | |
| Octubre | 42.466 | 424.68 | |
| Noviembre | 36.941 | 369.43 | |
| Diciembre | 47.294 | 472.87 | 7.021.77 |
| 1898 | | | |
| Enero | 46.543 | 465.43 | |
| Febrero | 45.487 | 454.87 | |
| Marzo | 84.706 | 847.06 | |
| Abril | 87.462 | 874.62 | |
| Mayo | 90.193 | 901.93 | |
| Junio | 106.512 | 1.065.12 | |
| Julio | 119.958 | 1.199.58 | |
| Agosto | 88.064 | 880.64 | |
| Septiembre | 6.285 | 628.25 | |
| Octubre | 65.859 | 658.50 | |
| Noviembre | 54.357 | 543.57 | |
| Diciembre | 46.748 | 467.48 | 8.987.05 |
| 1899 | | | |
| Enero | 80.612 | 806.12 | |
| Febrero | 57.393 | 573.93 | |
| Marzo | 64.481 | 644.81 | |
| Abril | 82.548 | 825.48 | |
| Mayo | 82.307 | 823.07 | |
| Junio | 88.918 | 889.18 | |
| Julio | 78.103 | 781.03 | |
| Agosto | 94.470 | 944.70 | |
| Septiembre | 56.107 | 561.07 | |
| Octubre | 72.065 | 720.65 | |
| Noviembre | 29.707 | 297.07 | |
| Diciembre | 52.655 | 526.55 | 8.393.66 |

| 1897 | NÚM. DE RACIMOS | VALOR | TOTAL |
|---|---|---|---|
| Enero | 18.800 | 188.00 | |
| Febrero | 45.245 | 452.43 | |
| Marzo | 74.325 | 743.25 | |
| Abril | 40.943 | 409.81 | |
| Mayo | 56.599 | 564.00 | |
| Junio | 102.202 | 1.022.18 | |
| Julio | 83.360 | 833.62 | |
| Agosto | 89.001 | 890.00 | |
| Septiembre | 65.200 | 652.00 | |
| Octubre | 42.466 | 424.68 | |
| Noviembre | 36.941 | 369.43 | |
| Diciembre | 47.294 | 472.87 | 7.021.77 |
| 1898 | | | |
| Enero | 46.543 | 465.43 | |
| Febrero | 45.487 | 454.87 | |
| Marzo | 84.706 | 847.06 | |
| Abril | 87.462 | 874.62 | |
| Mayo | 90.193 | 901.93 | |
| Junio | 106.512 | 1.065.12 | |
| Julio | 119.958 | 1.199.58 | |
| Agosto | 88.064 | 880.64 | |
| Septiembre | 6.285 | 628.25 | |
| Octubre | 65.850 | 658.50 | |
| Noviembre | 54.357 | 543.57 | |
| Diciembre | 46.748 | 467.48 | 8.987.05 |
| 1899 | | | |
| Enero | 80.612 | 806.12 | |
| Febrero | 57.393 | 573.93 | |
| Marzo | 64.481 | 644.81 | |
| Abril | 82.548 | 825.48 | |
| Mayo | 82.307 | 823.07 | |
| Junio | 88.918 | 889.18 | |
| Julio | 78.103 | 781.03 | |
| Agosto | 94.470 | 944.70 | |
| Septiembre | 56.107 | 561.07 | |
| Octubre | 72.065 | 720.65 | |
| Noviembre | 29.707 | 297.07 | |
| Diciembre | 52.655 | 526.55 | 8.393.66 |

| 1900 | NÚM. DE RACIMOS | VALOR | TOTAL |
|---|---|---|---|
| Enero | 67.522 | 675.22 | |
| Febrero | 63.547 | 635.47 | $ 1.310.69 |

Suma.................... $ 29.289.46

(Sello)

Puerto Cortés: mayo 2 de 1900.

(f) Juan E. Paredes. —Es conforme.

Tegucigalpa: 21 de mayo de 1900.

Camilo T. Durón, Srio.

De la Memoria presentada al Congreso Nacional, por el secretario de Estado en el Despacho de Fomento y Obras Públicas, don Francisco Altschul, acerca de los actos del Poder Ejecutivo durante el año económico de 1901 á 1902.

VÍAAS DE COMUNICACIÓN [11]

FERROCARRILES

Para dar al Honduras Syndicate, por última vez, oportunidad de cumplir los compromisos contraídos con el país, se concedió a la empresa, el 7 de marzo del año pasado y a petición del Representante del Sindicado, prórroga por un año. El acuerdo respectivo fue puesto en vuestro conocimiento para su aprobación o improbación; pero no se resolvió en ningún sentido durante vuestras últimas sesiones. El Gobierno, para evitar una interpretación inconveniente o los intereses del país, y para consignar de una manera clara que a causa de la prórroga no se renunciaba a ningún derecho, ni se libraba a la empresa de ninguna de sus obligaciones; dirigió, por medio de esta Secretaría, el 18 de mayo próximo pasado, una comunicación terminante a este respecto al señor don Adolfo Pereira, Representante General del Honduras Syndicate, la cual fué contestada satisfactoriamente por dicho señor el 12 del mismo mes; encontraréis estos documentos de

---

[11] Boletín Legislativo, Tegucigalpa, 30 enero de 1903. —Año VIII-Núm. 9.

importancia entre los anexos. Que la empresa no ha cumplido las obligaciones de la contrata, es bien sabido; ni lo niega el Representante del Sindicado, pues en la nota a que me refiero, dice: "Debe considerarse existente esta prórroga hasta el 26 de mayo de 1903, salvo que, durante este tiempo, un Congreso desaprobara esta prórroga, pues solamente en este caso quedaría, antes de la fecha mencionada, terminada la contrata. Como ésta, en su artículo 3, declara que por falta de cumplimiento de la condición (b) artículo 2º sea de la reconstrucción de la actual vía y de la construcción del puente sobre el río Ulúa, etc., etc., se efectuará la rescisión de la contrata de hecho y sin necesidad de declaración arbitral, queda la próxima Administración en entera libertad para tomar la resolución que, en favor de los intereses del Estado, crea más conveniente. El poder Ejecutivo, al mismo tiempo que siente que no se haya cumplido la contrata por parte del Sindicado, consiguió siquiera por medio de ella la construcción del puente sobre el río Chamelecón, y, sobre todo, logró dejar en claro este enojoso asunto, y libre de cualquiera complicación. La concesión del muelle de Puerto Cortés, íntimamente ligada a nuestra vía férrea, nunca se cumplió, como lo demostré en mis anteriores Memorias; y, por consiguiente, se encuentra en estado de caducidad, la cual no ha sido declarada para evitar dificultades al Sindicado en su empresa; pero el Gobierno entrante no tendrá obstáculo alguno para anular o renovar dicha contrata, según lo estime conveniente. Hago constar, además, que, según las cuentas de la Aduana de Puerto Cortés, los empresarios del muelle adeudan al Fisco una fuerte; cantidad de dinero por muellaje de años anteriores; el que debía servir para la construcción del edificio de la Aduana y Comandancia, muellaje que nunca se hizo efectivo".

## De la Memoria de Fomento y Obras Públicas correspondiente al año de 1903, presentada al Congreso por el señor Ministro del ramo, Lic. don Alberto Membreño el 8 de enero de 1904.

Ferrocarril Interoceánico

No obstante que el Congreso de 1912 cerró sus sesiones sin aprobar el acuerdo gubernativo de 7 de marzo del mismo año, en que se concedió una prórroga al Honduras Syndicate para que tuviera oportunidad de cumplir sus compromisos contraídos en el contrato en que se le dió en arrendamiento el ferrocarril interoceánico, de hecho el Sindicado gozó de la prórroga por un año. Ya para concluirse este, el 24 de mayo último recibió el señor Presidente de la República un cablegrama de New York, firmado por Depew, Vicepresidente de la Directiva del Sindicado, en que pide al Gobierno suspenda toda acción hasta que los representantes del Sindicado puedan llegar y someter propuestas favorables al Gobierno y Sindicado. El señor Presidente contestó en la misma fecha en los términos siguientes: "Tegucigalpa, mayo 24 de 1903—Depew York. Indispensable tomar posesión de ferrocarril conciliando intereses. Espéranse propuestas. Consérvanse mismos empleados durante 30 días—Bonilla. "El representante del Sindicado, señor Adolfo Pereira, recibió y presentó al señor Presidente, el 26, el cablegrama que dice: 'New York, mayo 25 de 1903.—Pereira —Tegucigalpa.— Instruir Hardy. Sindicado espera que él y todos los empleados retengan posesión bajo las órdenes del Gobierno, hasta la llegada del representante´. Inmediatamente el señor Pereira y de una manera espontánea, ofreció hacer la orden para la entrega del ferrocarril, la cual redactó en los términos siguientes: "Telegrama.—Tegucigalpa, mayo 26 de 1903.— Señor Superintendente del ferrocarril Puerto Cortés.— Está entendida y arreglada la entrega al Gobierno del ferrocarril y todas sus pertenencias mañana temprano. Desde esa fecha funcionará el ferrocarril por cuenta del Gobierno, a las órdenes del Comandante Quirós y con los mismos empleados y reglamentos hasta nueva orden del mismo Gobierno. Entiéndase Ud. con el Comandante Quirós para todos los detalles del caso.—Adolfh Pereira". El señor Pereira recibió un telegrama de Hardy, Superintendente del ferrocarril, sobre materiales pedidos a los Estados Unidos para al ferrocarril, y desea saber si se debe cancelar o no, y el señor Pereira, de común acuerdo con el señor Presidente, mandaron las instrucciones correspondientes al Comandante Quirós y a Hardy para entenderse sobre el particular. De este modo volvió a la administración del Estado nuestro ferrocarril interoceánico, en observancia de la contrata que en su artículo 3º declara que por falta de cumplimiento de la condición b, artículo 2º, o sea de la reconstrucción de la actual vía, y de la construcción del puente sobre el río Ulúa, etc., se efectuará la rescisión de ella, de hecho y sin necesidad de declaración arbitral.

El Sindicado reclama de Honduras una enorme cantidad de dinero por los perjuicios que ha sufrido con la entrega del ferrocarril; pero basta fijarse en que la devolución de este se efectuó voluntariamente por el Sindicado, para convencerse de que con este hecho el Sindicado reconoce que no cumplió con sus compromisos, y que por consiguiente, carece de fundamento su reclamo. El ferrocarril se recibió por inventario.

En acuerdo de 2 de junio se nombró al General don Carlos F. Alvarado, Superintendente del ferrocarril del Norte, con el sueldo que oportunamente se asignara, autorizándolo ampliamente para la organización del servicio de dicha empresa. En la misma fecha se le dieron al nuevo Superintendente ciento cincuenta pesos para gastos de traslación de aquí a San Pedro. El General Alvarado llegó a Puerto Cortés el 10 de dicho mes, e inmediatamente tomó posesión de la Superintendencia.

Encontró el ferrocarril en un estado lamentable. De 211 puentes que existen en el trayecto de Puerto Cortés á la Pimienta, solo el de Chamelecón, que es nuevo y de hierro, estaba bueno; de cerca de 200.000 durmientes sobre que están montados los rieles: apenas un 15% se hallarían en estado de regular conservación: los rieles de las curvas, en que abunda el trayecto, estaban tan gastados por el uso de más de 30 años, que no soportaban el peso de los trenes y se rompían con frecuencia, causando descarrilamientos: todo el trayecto desnivelado, y en algunos puntos tan hundido, que en la estación lluviosa se anegaba é impedía el tránsito de los trenes, y los talleres faltos de materiales y de la herramienta necesaria.

Inmediatamente el Superintendente, con la mayor actividad, emprendió los trabajos de reconstrucción y pidió a los Estados

Unidos los materiales y demás artículos que no era posible obtener en el país.

Con fecha 22 de junio el Superintendente indicó en un informe detallado el mal estado de la vía férrea y el mejor modo de administrarla; presentó el presupuesto de egresos é ingresos y pidió algunas autorizaciones. El Ministerio de mi cargo se concretó a decir al señor Alvarado, en oficio de 8 de julio: que el presupuesto de gastos de los empleados permanentes, que asciende cada mes a $ 17.101 50, parece un poco alto y que sería de desearse, sin perjuicio del buen servicio se entiende, que se redujera indicándose por el momento el ramo del teléfono, el cual podría salir más barato si se conectara con las líneas telegráficas de la República: que puede tomar los rieles que el Sindicado colocó al otro lado del río Ulúa para cambiar con ellos los que están en mal estado en la vía de allí a la Pimienta, y que también puede vender el hierro viejo y unas calderas de cobre que ninguna utilidad prestan; e invertir su producto en comprar uno o dos troleys movidos por gasolina para el servicio ordinario del ferrocarril.

El Gobierno no aprobó ni improbó la cuenta de gastos, porque siendo los que pagaba el Sindicado que era un buen empresario, tal vez no podría obtenerse un buen servicio con empleados mal remunerados.

En todas partes los empleados de los ferrocarriles tienen buenos sueldos para que puedan servir bien a cualquiera hora del día y de la noche que sea necesario. En cuanto a la traslación de los rieles, era mejor que fueran a prestar utilidad en la vía que está en servicio, y no que se estuvieran oxidando en un pequeño trayecto abandonado por la falta de puente sobre el río Ulúa y mal construido por la gran distancia de durmiente a durmiente.

El Ferrocarril se ha seguido administrando tal como lo tenía el Sindicado, con los mismos reglamentos, mientras el Congreso resuelve lo conveniente. Durante los meses de junio y julio recién pasados se colocaron en la vía 7.730 nuevos durmientes, se construyó un puente y se refaccionaron diez de los más malos, se desyerbaron 311/2 millas, se nivelaron 23, se rozó el trayecto en la extensión de 14 millas a uno y otro lado, se extrajeron de las márgenes del Choloma 21 toneladas de rieles, que hacía años estaban aterrados, utilizándose 44 para cambiar otros tantos arruinados, se repararon las locomotoras número 1, 2, 3, 5, 6 y 7 y se emprendió la completa reconstrucción de la número 4, se construyó un carro para carga y se refaccionaron tres. El producto de los dos meses en referencia fué de $ 83.807.22, cuya suma se descompone de la siguiente manera:

```
Junio.—Flete sobre fruta........ ....$  30.298.35
        ,,    ,,   mercaderías......    7.846.25
        ,,    ,,   ganado... ... ...      275.00
        Producto de pasajes .........    4.983.23
        ,,    ,,   tranvía..........      556.25    $ 43.959.08

Julio.—Flete sobre fruta............$  25.744.05
        ,,    ,,   mercaderías......    7.229.04
        ,,    ,,   madera.........     1.106.14
        ,,    ,,   ganado  .....        586.00
        ,,    ,,   artículos varios...    10.80
        Producto de pasajes .........    4.470.61
        ,,    ,,   tranvía .........      701.50    $ 39.848.14

                Total.............                  $ 83.807.22

Los gastos ascendieron á la suma de...$ 63.249.47  en esta forma:
Junio.—Conservación de la vía. .....    7.993.64
        Gastos generales ..... ...       157.80
        Combustible.... .. ......       2.870.25
        Servicio de trenes..........    4.693.16
        Equipo....................        731.87
                Van..........  .........          $ 16.446.72
```

|  |  |  |
|---|---:|---:|
| Vienen ...............$ | 16.446.72 | |
| Administración............ | 3.660.49 | |
| Taller de carros............ | 1.065.45 | |
| Tranvía................ | 227.00 | |
| Taller de mecánica......... | 3.304.69 | |
| Materiales................ | 1.328.02 | |
| Estaciones................ | 980.00 | |
| Teléfono................. | 223.50 | |
| Inspección de la vía........ | 676.25 | |
| Construcción de puentes... | 1.122.82 | |
| Durmientes y otras maderas. | 2.566.00 | |
| Devoluciones............. | 468.13 | $ 31.969.07 |
| Julio.— Conservación de la vía. .....$ | 4.601.90 | |
| Gastos generales............ | 176.95 | |
| Combustible............. | 2.038.50 | |
| Materiales............... | 2.206.90 | |
| Servicio de trenes.......... | 3.816.90 | |
| Equipo.................. | 493.50 | |
| Administración........... | 2.593.86 | |
| Taller de carros........... | 1.382.34 | |
| Tranvía................. | 319.50 | |
| Devoluciones ............ | 133.11 | |
| Taller de Mecánica ....... | 4.685.99 | |
| Medicinas................ | 159.17 | |
| Estaciones............... | 980.00 | |
| Teléfono................ | 418.50 | |
| Inspección de la vía........ | 547.50 | |
| Construcción de puentes.... | 870.06 | |
| Durmientes y otras maderas. | 5.866.62 | $ 31.380.40 |
| Total ................. | | $ 63.349.47 |
| La utilidad liquidada en los dos meses, es de ................. | | $ 20.557.75 |
| así: | | |
| Producto total de ingresos..$ | 83.870.22 | |
| Valor total de los ingresos... | 63.349.47 | |
| Saldo á favor del fisco ....$ | 20.557.75 | |

De las cifras anteriores se ve claramente que, en dos meses, el Ferrocarril ha producido a la Hacienda Pública más de la mitad de la suma que el Sindicado le pagaba por el arrendamiento de un año además de las mejoras considerables que en tan corto tiempo se han hecho a la vía.

Con fecha 25 de abril, el señor W. J. Bain, como Agente de los Tenedores de Bonos de la Deuda Exterior de Honduras, presentó al Gobierno un proyecto de ley, trazado por los Tenedores de Bonos para la extinción de la deuda proveniente de los empréstitos para construir el ferrocarril y de la federal, arreglo que una vez aceptado, se garantizaría con los productos de la Aduana de Amapala. De este proyecto, de las comunicaciones que se cruzaron entre el Ministro General de Honduras y el señor Bain, y de más antecedentes del caso se dió cuenta al Congreso el 23 de mayo, y el 28 del mismo tuvísteis a bien devolverlo al Ejecutivo, por ser a quien corresponde, por ahora, tratar el asunto con los interesados y someter lo convenido, en su oportunidad, a vuestro conocimiento, conforme a las prescripciones de la Constitución Política de Honduras.

Con vista de esta resolución, el Gobierno, para proceder con mayor acierto, nombró, con fecha 9 de junio, dos de los mejores Abogados del país, don Pedro J. Bustillo y don Ángel Ugarte, para que, en representación del Gobierno, conferencien conjuntamente con el Apoderado de los Tenedores de Bonos de la Deuda Exterior de Honduras, y los de cualesquiera otras sociedades o individuos que tengan o tuvieran algún interés en el asunto acerca del arreglo de la expresada Deuda y de la construcción del ferrocarril interoceánico, a través del territorio de la República, lo mismo que del arrendamiento de la sección de aquél ya construida; se dieron, igualmente amplias facultades a los señores Bustillo y Ugarte para que si llegaren a conclusiones satisfactorias, celebren los contratos que juzguen necesarios, respeto de los puntos anteriormente expuestos, debiendo dar cuenta al Gobierno de aquéllos, para que este resuelva lo que crea conveniente; y se autorizó a los dichos Representantes para que propusieran un Secretario y dos escribientes, que se nombrarían para la oficina, y para que hicieran uso en el desempeño de su comisión, de todos los documentos que se encuentran en el Archivo Nacional y demás oficinas públicas, concernientes al asunto que se les encomendó. Las conferencias y demás actos, debían los señores Bustillo y Ugarte, consignarlas en un protocolo especial.

El 16 de Junio, los Representantes del Gobierno tuvieron la primera conferencia con el señor William J. Bain., como representante éste último de los Tenedores de Bonos de la Deuda Extranjera de Honduras; y después otras tres el 17, 20 y 22 del mismo mes, las que se concretaron a discutir la personería del señor Bain.

Los Representantes de Honduras observaron que el poder del señor Bain no reúne las condiciones de legalidad necesarias para constituir debidamente la representación de los Tenedores de Bonos: 1º, porque siendo la Corporación de Tenedores de Bonos de Londres, una asociación anónima, es indispensable que el señor Bain, llene los requisitos exigidos por nuestras leyes, para que pueda tratar en nombre de las personas que le han conferido poder y comprometerlas; y 2º, porque hablando en nombre del Comité de los Tenedores de Bonos de la Deuda Exterior de Honduras, es indispensable aducir el acta, en que los Tenedores de Bonos, en reunión celebrada al efecto, constituyeron el comisionado de que se habla y las facultades que se le confirieron. El señor Bain, contestando las observaciones que se le hicieron, manifestó: que su poder se le ha otorgado por la Corporación de Tenedores de Bonos Extranjeros, actuando éste conjuntamente con el Comité de los Tenedores de Bonos de los empréstitos extranjeros de Honduras, para representar a la Corporación, a dicho Comité y a los Tenedores de Bonos de Honduras, y actuar en favor de ellos, respectivamente, y en su nombre negociar con el Gobierno de Honduras un arreglo sobre el Convenio impreso y adjunto a la escritura del poder, y sobre el Proyecto de Ley a que en ese convenio se hace referencia: y en general para negociar con el Gobierno de Honduras un arreglo sobre la Deuda Exterior de Honduras, obligándose la referida Corporación a ratificar todo lo que haga legalmente al respecto: que dicho poder se le ha otorgado conforme a las leyes y reglamentos de la Corporación, según se indica en el párrafo final, requisito indispensable para que hubiera podido ser firmado por el Presidente de la Corporación, la que es de carácter oficial, ya que debe su existencia a un acto del Parlamento; y la firma del Presidente es indiscutible por que el documento es auténtico: que hay que examinar el poder, por los términos en que fue conferido, no aisladamente sino en relación con el Convenio impreso que está adjunto, fechado en Londres en cuatro de Diciembre de 1902, y en relación con el Proyecto de Ley, a que hace referencia ese Convenio, que está adjunto también: que en el artículo 5º de ese Proyecto de Ley se declara que la amortización de Bonos se efectuará conforme a un plan que la Corporación trazará y que será aprobado por una Junta General de Tenedores de Bonos, que por convocatoria de la

Corporación se verificará en Londres: que el artículo 10 de dicho Proyecto establece que los arreglos que se hagan serán efectivos y obligarán al Estado y a los Tenedores de Bonos hasta que sean aceptados por resolución de una Junta General de dichos Tenedores, que la Corporación convocará conforme a las leyes y reglamentos que la rigen, y tendrá lugar en Londres: que establecido que oficialmente la Corporación de Tenedores representa por medio de su Presidente a los Tenedores de Bonos, y visto que el mismo Presidente de la Corporación, es el mismo Presidente del Comité de Honduras, la representación conferida por el poder citado es plena, aunque lo que se haga en ejercicio de ese poder, sobre el Proyecto y Convenio citados presentados, tenga que ser aprobados por los Tenedores de Bonos en Junta General: que la Corporación de Tenedores de Bonos y el Comité de Honduras no están sometidas a las leyes de Honduras sobre sociedades anónimas, pues deben su existencia a las leyes inglesas, y estas leyes, a la vez que protegen sus derechos de los reclamantes, serán la salvaguardia de los derechos de Honduras, que una Corporación no se atrevería a lesionar; y que, en consecuencia, espera que, teniéndose por buena, leal y perfecta su representación, se pase al estudio del Convenio y de los proyectos presentados al Gobierno, para los efectos consiguientes. Los representantes de Honduras replicaron: que por los términos del acta o decreto del Parlamento inglés, cuya copia presentó el señor Bain, la Corporación de Tenedores de Bonos es una sociedad anónima, y que, conforme a los principios del Derecho Internacional y a la Legislación vigente en Honduras, sus Representantes no pueden ejercer acto como tales, sin ser competentemente autorizados, según lo prescriben nuestras leyes: que sólo se exige que el señor Bain cumpla con las leyes de Honduras para que pueda obligar a sus mandantes que el señor Bain no ha producido el acta en que conste que la Corporación de Tenedores de Bonos Extranjeros y el Comité de Tenedores de Bonos de los empréstitos Exteriores de Honduras, han constituido un Comité, lo que no se demuestra con el hecho de que el Presidente y Vicepresidente de la Corporación de Tenedores de Bonos Extranjeros sea el mismo del Comité de los Tenedores de Bonos de la Deuda Exterior de Honduras, desde luego que una y otra son entidades distintas. Por estas razones los señores Bustillo y Ugarte declararon que no podían tratar con el señor Bain ningún negocio referente a la Deuda Exterior de Honduras. El señor Bain protestó y lo mismo hicieron los representantes del Gobierno.

El señor Ugarte se fue para Estados Unidos y Europa en comisión del Gobierno, por lo que ha continuado solo el señor Bustillo estudiando lo concerniente á nuestra Deuda Exterior.

## La situación del Ferrocarril Nacional, según los fruteros.

Por telégrafo de San Pedro, julio 13, 1910.
Recibido en Tegucigalpa , 13 de julio-h. 5 20 m.p.

Sr. Ministro de Fomento.

En nuestro nombre y de la mayoría de los fruteros de este litoral, nos permitimos molestar su atención con el siguiente asunto: es lamentable el estado en que mantiene al ferrocarril nacional la Compañía que lo explota, su escasez de elementos, principalmente curros de carga, los continuos descarrilamientos de trenes fruteros y otras marcadas deficiencias en el servicio de esa empresa, causan tantas dificultades a las compañías extranjeras que compran nuestra fruta, que la principal de ellas la Hubbard Zemurray que es la que más guineos exporta, se ha visto hoy en el caso de cancelar la orden de carga, quedando en la línea como 30 carros de fruta que perderemos los agricultores, por no haber podido obtener tiempo razonable cómo trasportarlos. Debemos agregar a Ud. que esto pasa en el mejor tiempo de cosecha y muy buena estación, lo que prueba que en la época de fuertes lluvias, que ya se acerca, será casi imposible y siempre peligroso el uso de la línea si como hasta hoy sin mejorarla en lo más mínimo la empresa continúa, a pesar de las pingues ganancias que le reporta.

Lo anteriormente expuesto, nos obligan a solicitar la justa y legal protección del Gobierno, ante la alarmante situación, seguros de que sabrá dispensarnos en bien de nuestros intereses, tan seriamente amenazados. Confiamos en que Ud. se servirá atender nuestra petición, tomando en cuenta que el mal que apuntamos afecta el principal negocio de esta costa y casi su único patrimonio. Protestamos a U. nuestra consideración y respeto.

Jesús Paz, Enrique J. Panting, Teodora Hernández, M. A. Bonilla, José Pérez, Jorge Panting, León Martínez, Juan R. López, Mariano Rivera, Victoria de Nuila, Antonio Guillén, Victoriano Soler, C. Zerón M., Jacinto A. Meza, Luis Ortega.

## La situación del Ferrocarril Nacional según el Contratista

Por el telégrafo de Puerto Cortés, 15 de julio 1910.

Recibido en Tegucigalpa, 15 julio.

Sr. Gral. M.. Carías, Ministro de Fomento.

Tengo recibido su apreciable telegrama que me es grato tener oportunidad de contestarle. El estado de la línea férrea es mejor que como la recibimos, hemos puesto veinte mil (20.000) durmientes en los últimos meses y la línea está bien nivelada y limpia y los puentes en buena condición. Hemos recibido de los Estados Unidos, además de construir algunos en el taller, cinco carros nuevos y 80 ruedas para reponer las ruedas gastadas en el servicios y muchísimos materiales para carros y locomotoras, tenido siempre en buena condición para servicio; los que hemos puesto cambios de vía en Villanueva y Chameleconcito que no tenía el Gobierno para facilitar el movimiento de trenes sin demora y pudiera llamar su atención á muchas otras mejoras que hemos hecho y que estamos siguiendo por hacer. También los trabajadores tienen de manejar los trenes con el máximo cuidado y los descarrilamientos son escasos y cuando sucede es debido a que cargan demasiado los carros que las compañías fruteras conducen la fruta. Ni el tren pasajero ni otros trenes de trabajo han sido descarrilados hace mucho tiempo. El descarrilamiento que ocasionó la que Ud, me ha manifestado, fue por razón de la quebrada de un eje, cosa que sucede a veces a los mejores ferrocarriles del mundo. Niego absolutamente la queja que no podemos llevar la fruta, pues ni una vez hemos faltado en recibir y entregar todo flete.

Los treinta carros de fruta dejados en la línea, fueron dejados por capricho de Hubbard Zemurray y Co, quienes no deseando la fruta por razones de estar aquella muy bajo en el mercado, en los Estados, han tomado este descarrilamiento por excusa para rehusar pagar a los fruteros la cortada por su orden. El Hubbard Zemurray y Co, canceló su orden para trenes sin darnos razón ninguna y afirmo a Ud. que pudiéramos haber llevado aquella fruta hasta el puerto sin demorar su vapor un momento. Tuvimos doce carros cargados aguardando la venida del vapor para embarcar todo el día en el puerto. El día siguiente llevamos cuatro trenes, 43 carros para el Central American y Co y anoche dos trenes para el Troy y Cº, que llegaron al puerto sin demora ninguna; y le aseguro que llevaremos nosotros toda la fruta que se nos ofrezca, que nos gustaría tener una cantidad doble.

Atento,

A. G. GREELEY.

www.ingramcontent.com/pod-product-compliance
Lightning Source LLC
Chambersburg PA
CBHW070327010526
44107CB00004B/443